Rosemarie Köhler

Gestrecktes Dünnbier und Fleischpflanzerl ohne alles

Das Bayerische Notkochbuch.
Rezepte, Erfahrungen und Hintergründe der Nachkriegszeit

Eichborn.

Für Heidi und Eckart, Nürnberg
und Britta und Clemens, Poing
mit Dank für die Gastfreundschaft

1 2 3 4 04 03 02

Fotografien: Sammlung Häußler
Umschlaggestaltung: Christina Hucke
Lektorat: Oliver Thomas Domzalski
Redaktion: Carsten Keller
Layout und Satz: die Basis, Wiesbaden
Druck und Bindung: WS Bookwell, Finnland
ISBN 3-8218-3756-X

Verlagsverzeichnis schickt gern:
Eichborn Verlag, Kaiserstraße 66, D-60329 Frankfurt am Main
www.eichborn.de

Inhalt

Bisher sind in der Eichborn Verlag AG folgende Notkochbücher von Rosemarie Köhler erschienen:

- Brennesselsuppe und Rosinenbomber – Das Berliner Notkochbuch (1999)
- Bemme mit Sirup und Quarkkeulchen ohne alles – Das Sächsische Notkochbuch (2000)
- Steckrübenmus und Reibekuchen ohne Fett – Das Rheinische Notkochbuch (2002)

Vorwort

Können Sie sich vorstellen, daß das Abendessen einer bayerischen Familie einmal aus Brotsuppe, einigen Löffeln Sauerkraut und Apfeltee bestand? Und daß die Familie, nachdem alles restlos aufgegessen war, das Hungergefühl nicht los wurde und die Hausfrau sorgenvoll stöhnte: Das war das letzte, was in der Speisekammer war; was wir morgen essen werden, weiß ich nicht. Diese Angst, zu verhungern, überschattete nur zu oft das Glücksgefühl, den Krieg überstanden zu haben, wie auch die Zuversicht, daß es jetzt eigentlich wieder aufwärts gehen müßte.

Ein Notkochbuch zu verfassen, in dem die Hungersnöte in Bayern in den Jahren 1945 bis 1949 beschrieben werden, ist keine leichte, dafür aber um so reizvollere Aufgabe. Denn „Bayern" umfaßte damals wie heute die unterschiedlichsten Regionen, und sowohl in ihrer Mentalität als auch in ihren Lebens- und Eßgewohnheiten unterschieden sich die Bewohner von Niederbayern, Franken und der Oberpfalz ganz erheblich voneinander. Während man nach dem Krieg in Garmisch-Partenkirchen die Existenzbedingungen dadurch zu verbessern suchte, den Tourismus mit Hilfe der amerikanischen Besatzungsmacht wieder auf die Beine zu stellen, kämpften im Bayerischen Wald Tausende geflüchteter Sudetendeutscher ums nackte Überleben. Großstädte wie München und Nürnberg lagen in Trümmern, ihre Bewohner hausten in Kellerlöchern, hungerten und froren erbärmlich.

Auf dem Lande schienen die Verhältnisse besser, man verzehrte, was die Landwirtschaft erbrachte. Aber der Krieg und seine Folgen hatten auch hier grausame Wunden geschlagen. Äcker und Weiden waren durch Kriegseinwirkungen zerstört, die Männer gefallen oder in

Kriegsgefangenschaft. Ernteerträge mußten durch scharfe Hunde oder „freiwillige Flurpatrouillen" bewacht werden, Saatkartoffeln wurden von hungrigen Städtern oft sofort wieder ausgegraben. Einbrüche in Schweineställe waren an der Tagesordnung, Kühe wurden heimlich in der Nacht gemolken. Die Täter? Spindeldürre Mütter, deren Säuglinge zu verhungern drohten!

Unter diesen Umständen zu leben und zu überleben erscheint uns heute wie ein Stück längst vergangener Geschichte. Und doch erinnern sich viele Menschen nach wie vor lebhaft und durchaus nicht nur negativ an diese entbehrungsreichen Jahre: „Es waren harte Zeiten, aber wir haben immer zusammengehalten, weil alle gleich arm dran waren. Neid und Mißgunst waren uns fremd", blickt eine heute 80jährige Nürnbergerin zurück.

Besonders die Bevölkerungsgruppe der heute 60– bis 70jährigen, die in der Nachkriegszeit ihre Kindheit und Jugend verlebte, kann von kuriosen und prägenden Erinnerungen berichten. Viele denken noch heute an selbstgebrannte Bonbons, die so köstlich schmeckten, an falsche Schlagsahne und an Haferbrei mit einem Löffelchen Sirup darüber. Sie erinnern sich an „Falsche Leberwurst" aus Grieß, Zwiebel und Majoran, an Schokoladenkuchen, der die braune Farbe durch Zugabe von Kaffee-Ersatz erhielt, an selbstgemachtes Brausepulver und an die Erstkommunion, „wo wir alle einmal richtig satt wurden".

Diese Erinnerungen sind in dem vorliegenden Buch gesammelt und dokumentiert, um den Überlebenskampf jedes einzelnen zu würdigen, der diese Zeit durchlebt und durchlitten hat, und um all jenen Dank auszusprechen, die nicht nur durchgehalten, sondern mit Phantasie und Kreativität Angehörige, Kinder und Enkelkinder mitversorgt haben.

Um zu überleben, mußte man alle persönlichen Fähigkeiten einsetzen, oft bis an den Rand der Legalität oder darüber hinausgehen. Frauen strickten, nähten, bastelten und tauschten die Produkte gegen Lebensmittel ein. Arbeiterinnen schmuggelten kleine Mengen Garn aus der Fabrik. Um bei Kontrollen nicht aufzufallen, versteckten sie die Bündelchen im Hüfthalter. Wer in andere Regionen zum „Tauschen" fuhr, mußte sich ungewöhnliche Verstecke ausdenken: Butter im Geigenkasten, Zigaretten in der Beinprothese und Kartoffeln als Artistengepäck. Auch die bayerischen Bauern wußten zahlreiche Verordnungen zu umgehen. Weil alles, aber auch alles unter Ablieferungszwang stand – Treibriemen, Rinderohren und Alpengras –, betrieb man „Kompensationsgeschäfte". Mistgabeln kamen aus dem Rheinland, Kartoffeln und Speck waren die Gegengabe. Man hielt zusammen, ob beim Schwarzschlachten oder beim heimlichen Schnapsbrennen. Gegen Speck und Eier konnte man sich sogar etwas „Kultur" leisten und den Schauspieler Curd Jürgens und seine Truppe für eine Aufführung engagieren. Alte, auch in den Kriegsjahren gepflegte Seilschaften halfen auf dem Lande und in der Verwaltung, die schweren Jahre zu überstehen.

Das Buch erzählt auch von dem nicht ungetrübten Verhältnis zu den Amerikanern, die von vielen Menschen nicht als Befreier, sondern als Besatzer angesehen und für die Misere der Nachkriegsjahre mitverantwortlich gemacht wurden. Als dann endlich die ersten Hilfslieferungen aus Amerika eintrafen, war man enttäuscht und entrüstet. Die Säcke enthielten „Mais", als Lebensmittel für viele vollkommen ungewohnt, und so wurde diese Geste (wie in der berüchtigten „Hühnerfutterrede" auf Seite 24 dieses Buchs) empört zurückgewiesen.

Die amerikanischen Soldaten, besonders die Farbigen, galten als bestaunenswerte Exoten. Kindern drohte man nicht mehr mit dem „schwarzen

Mann", sondern: „Wenn Du nicht artig bist, holt Dich der Amerikaner." Bedingt durch Naturkatastrophen und Mißernten erreichte die Lebensmittelversorgung in den Großstädten 1947 einen absoluten Tiefpunkt. Die Menschen aßen Kartoffelschalen, und die Furcht vor dem Verhungern erfaßte sie panikartig. Tagelange Hungerstreiks in München und ein tumultartiger Ausstand bei MAN waren die Folge. Ereignisse, die heute fast vergessen sind.

Obwohl dieses Buch von schweren Zeiten berichtet, werden Sie beim Durchblättern hin und wieder schmunzeln müssen. Hier wird ein Stück Überlebenskampf geschildert, der sich nur mit Zähigkeit und einer Portion Humor durchstehen ließ. Und haben Sie Lust, das eine oder andere Nachkriegsrezept zu probieren, dann lassen Sie Rezepte mit Kartoffelschalen oder den Kakaoersatz aus schwarz gebrannten roten Rüben besser beiseite. Aber alle anderen Anleitungen sind ganz und gar zeitgemäß: kalorienarm, preiswert und durchaus schmackhaft.

Rosemarie Köhler

Zwischen Krieg und Frieden

Kriegsende

Nürnberg ist tot

Der britische Luftfahrthistoriker George Saunders urteilte: „Die Zerstörung Deutschlands hatte ein Ausmaß erreicht, das selbst einen Attila oder Dschingis Khan erschrecken mußte. – Nürnberg ist tot, wenn es auch noch Lebendige gibt. Es gibt kein Licht, keinen Strom, es gibt kein Gas und fast kein Wasser. Es gibt auch keine Kohle, kein Mehl und daher auch kein Brot. Die Bäckerei-Kamine haben, gleich den Industrieschloten, aufgehört zu rauchen. Es gibt unsägliches Elend, unsägliche Not. Es gibt viele Kranke und Sterbende, aber es gibt nur wenig Ärzte (...). Für die Toten gibt es auch kein Särge, keine Leichenwagen mehr."

(Kunze, Kriegsende)

Trostloses München

In der Innenstadt, in Schwabing und Sendling, in Giering und Neuhausen lagen ganze Stadtviertel in Trümmern oder waren doch ausgebrannt. (...) In Trümmern lag die Residenz, an der jahrhundertelang gebaut worden war; schwer angeschlagen war der Justizpalast, ausgebrannt war das Nationalmuseum. Überall ragten Schutthaufen, stehengebliebene Vorder- oder Rückmauern von Häusern auf. Das ausgegrabene Pompeji schien mir im Vergleich zu München gut erhalten zu sein. Öffentliche Verkehrsmittel gab es nicht mehr, keine Straßenbahn, keine Eisenbahn fuhr, man mußte alle Strecken zu Fuß zurücklegen. (...) Handel und Wandel waren tot. Die einfachsten Gegenstände des täglichen Bedarfs wie Zündhölzer oder Reißnägel waren nicht zu haben. Kaffee und Tee waren verschwunden, Fleisch gab es kaum, dafür aber täglich einen Viertel Liter Milch, 600 Gramm Brot in der Woche und fünf Eier im Monat. Die Gasversorgung war unterbrochen, das Essen mußte man am Feuerherd kochen, das Frühstück an der elektrischen Lichtleitung.

(Hoegner, Außenseiter)

Unterschiede der Zerstörung

Während die größeren Städte in Bayern fast alle in Trümmern lagen, gab es im übrigen Land unterschiedliche Grade der Zerstörung.

Städte wie Neustadt/Aisch konnten fast unversehrt an die Amerikaner übergeben werden, dagegen lagen nur wenige Kilometer weiter Kleinstädte und Dörfer in Schutt und Asche, weil fanatische Bürgermeister und Parteifunktionäre dem Führerbefehl folgten und bis zum letzten Mann kämpften und alles zerstörten.

Die Besatzungszonen

Es bestand bei den Siegermächten Einigkeit: Zur Verhinderung einer neuen Aggression Deutschlands sollte das Land politisch und wirtschaftlich entmachtet werden. Das bedeutete: Vernichtung des Rüstungspotentials, Dezentralisierung von Großindustrie und Banken, Festlegung eines

Reparationsplanes für die verbleibende deutsche Industrie und Richtlinien für die landwirtschaftliche und industrielle Produktion zur Versorgung der Bevölkerung. Die Aufteilung des ehemaligen deutschen Reichsgebietes wurde von den Alliierten in allen Variationen bereits seit 1943 diskutiert.

Die vier Zonen waren von Struktur und Größe sehr unterschiedlich: Die sowjetische und die amerikanische Zone umfaßten je 30 % des Gesamtgebietes, die britische rd. 27 % und die französische die verbleibenden 13 %. Die britische Zone war mit 22,3 Millionen einwohnermäßig jedoch das größte Gebiet. Die amerikanische Zone mit rd. 17,2 Millionen Menschen umfaßte zwar die landwirtschaftlich geprägten Regionen in Bayern und auch Gebiete mit hochentwickelter verarbeitender Industrie (vorwiegend in Hessen und Baden-Württemberg), war aber auf Rohstoffimporte angewiesen.

Gegenüber den anderen Besatzungszonen hatte Bayern den Vorteil, daß es in seinen Grenzen fast erhalten blieb, nur der Kreis Lindau wurde Teil der französischen Zone. Der Kompaktheit des Landes war es zu verdanken, daß der Wiederaufbau der Verwaltung in Bayern rascher vonstatten ging als in anderen Ländern und viele Versorgungsprobleme intern gelöst werden konnten. Die Bürger profitierten auch von der eigenen starken bayerischen Tradition und Mentalität. Man verteidigte die Eigenständigkeit nach Kräften und gewann schnell an Selbstbewußtsein gegenüber den Amerikanern hinzu.

Aufbau der Verwaltung

Zunächst mußten die Amerikaner eine funktionierende Verwaltung aufbauen, um die dringendsten Probleme zu bewältigen. Man richtete „detachments" ein, die den deutschen Verwaltungseinheiten entsprachen. Die Zusammenarbeit mit deutschen Fachleuten der Verwaltung war eminent notwendig, weil diese sich vor Ort auskannten, und so wurden gleich nach dem Einmarsch der Alliierten in den Westzonen Bürgermeister und Landräte eingesetzt, um die Aufrechterhaltung der Versorgung und der öffentlichen Sicherheit zu organisieren. Häufig mußte aus Sachzwängen oder Unkenntnis auf Personen zurückgegriffen werden, die in der NS-Zeit wichtige Positionen im „Reichsnährstand" eingenommen hatten.

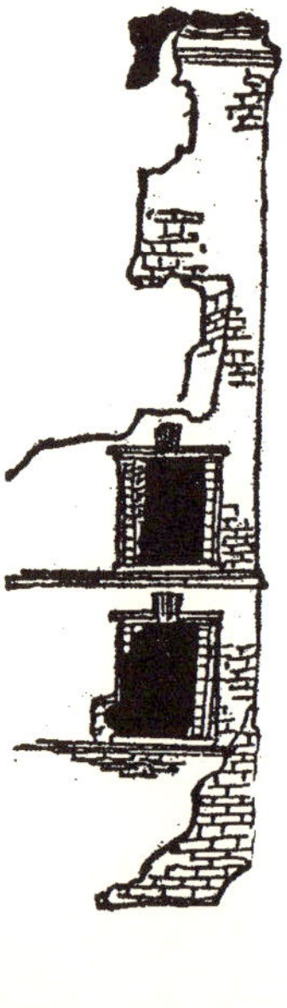

Die Arbeit der Verwaltung wurde noch zusätzlich erschwert, weil es permanent Gerangel um Zuständigkeiten der Militärregierung und der für die bürokratische „Alltagsarbeit" zuständigen Amerikaner gab. Die als Verwaltungsspezialisten und Manager eingesetzten Amerikaner wurden häufig abgelöst oder kehrten nach kurzer Zeit wieder nach Amerika zurück. Zum geflügelten Wort wurde: „Wer in der Heimat etwas war und etwas hatte, den lockte kein Dienst im besetzen Deutschland." Eine kontinuierliche Arbeit war deshalb kaum gewährleistet.

Erste Maßnahmen der Militärregierung am Beispiel Nürnbergs

Die Amerikaner begannen im „Niemandsland", wie sie das zerstörte Nürnberg nannten, mit der Bekanntgabe von Befehlen, die per Plakatanschlag verbreitet wurden. Dazu gehörte in den ersten Friedenstagen eine Ausgangssperre; nur zwischen 11 und 13 Uhr durften sich die Nürnberger auf der Straße blicken lassen.

Eine Restgruppe der Polizei wurde zu einer Art „Behelfspolizei" zusammengestellt, um ein Chaos zu verhüten. Kriegsgefangene, „Displaced

Persons" und Zwangsverschleppte zogen plündernd durch die Stadt und verbreiteten Unruhe und Schrecken.

Um die größten Probleme in den Griff zu bekommen, wurden medizinische Einrichtungen inspiziert, die vorhandenen Warenlager bewacht und Anordnungen zur Unterbringung der Flüchtlinge und Ausgebombten erlassen.

Die „Kulturoffiziere" überprüften die Mitglieder der Kulturinstitutionen (z. B. Opernhäuser), besichtigten die in Bunkern eingelagerten Kunstschätze und sorgten später dafür, daß der von den Nazis geraubte Marienaltar von Veit Stoß wieder nach Krakau kam.

Dr. Heinz Levié – ein Glücksfall für Nürnberg

Die Amerikaner setzten den 36jährigen Juristen, der von den Amerikanern aus dem KZ Mauthausen befreit worden war, als Amtsdirektor ein. Er sollte das Hauptproblem Nürnbergs, die Versorgung der Bevölkerung, lösen. Er besaß das uneingeschränkte Vertrauen der Amerikaner, weil er auf Grund seiner Biographie – er war Halbjude – kein Nazi sein konnte. Auch konnte angenommen werden, daß er keine kommunistische Gesinnung vertrat. Die Amerikaner hatten panische Angst davor, Menschen zu vertrauen, die als „in der Wolle gefärbte Kommunisten" verdeckt arbeiteten.

Dr. Heinz Levié wollte das Amt nur auf drei Jahre befristet übernehmen und trotzte den Amerikanern die Bedingung ab, daß er nebenher ein Pelzgeschäft aufziehen durfte.

Levié konnte gut mit den Amerikanern umgehen, er besaß großen Einfallsreichtum und eine unorthodoxe Art des Umgangs. Dadurch erreichte er fast immer, was er wollte, denn er war nicht so strohtrocken wie deutsche Verwaltungsfachleute. So gab er jeden Samstag eine Party, bei der sich Deutsche und Amerikaner im Gespräch näherkamen. Auch ging er jeden Morgen in die Messe der amerikanischen Offiziere, um die Geschäfte angenehm und unverbindlich mit ein bißchen Klavierspiel einzuleiten. Nach Jazz und etwas Whisky pflegten ihn die amerikanischen Offiziere dann zu fragen: „Nun, was haben Sie heute auf dem Herzen?"

Zusammenleben mit den Amerikanern

Die Bürgermeister in der amerikanischen Zone mußten regelmäßig Stimmungsberichte für das „Military Government Detachement" fertigen. Auf vorbereiteten Bögen waren anzugeben: politische Stimmung in der Bevölkerung, besondere Vorkommnisse in der Gemeinde, eine Zusammenfassung der zur Zeit kursierenden Gerüchte sowie politische Aktivitäten. In den Archiven Bayerns lagern Tausende dieser Berichte, die anschaulich und facettenreich Auskunft über die Stimmung in der Bevölkerung geben.

Leben vom Ami-Müll

Die von den Amerikanern auf die Müllhalden verbrachten Abfälle übten für die hungrigen Großstädter eine große Anziehungskraft aus. Ein Bericht aus Nürnberg:

(Aus den) Kartons und Apfelsinenkisten rafften sie alles zusammen, was ihnen brauchbar erschien: halb geleerte Fleisch- und Milchdosen, aufgerissene Beutel mit steinharter Trockenmilch oder Eipulver, angeschimmelte Weißbrote, angefaulte Apfelsinen, Eimer voll Kaffeesatz, Kartoffeln, Kartoffelschalen, Gemüseabfall. (...) Dann wurde gesäubert, probiert und sortiert. Das für Menschen, Hühner und Kaninchen Brauchbare kam in verschiedene Behälter. (...) Wenn sich die letzten Schuttgockerer abends auf den Heimweg machten, blieb eine wenige Zentimeter erhöhte Ebene von wirklich Verdorbenem und Unbrauchbarem zurück.

(Trümmerjahre, 1985)

Lelabati schiebt amerikanische Autos den Berg hinauf

Erinnerungen des Münchener Tierparkdirektors Lutz Heck:
„Wir mußten in der Nachkriegszeit sehr viel Phantasie aufbringen, um die Tiere einigermaßen zu versorgen. So schnitten wir, mit Erlaubnis der Stadt München, am Isarufer die Weidenzweige ab und fütterten damit die Elefanten und Giraffen.
Eine lustige Begebenheit fällt mir bei der Erinnerung an die Elefanten-Kuh Lelabati ein. Die amerikanische Besatzungsmacht hatte ja viele Häuser und Villen für eigene Zwecke beschlagnahmt, so auch die Häuser am Hang gegenüber des Tierparks. Hier hatten es die Amerikaner manchmal schwer, bei Glatteis mit ihren riesigen Autos den Berg hinaufzukommen. Da hatte der Elefanten-Tierwärter eine gute und für uns nützliche Idee. Blieb ein Auto mit durchgedrehten Rädern stecken, half Lelabati, in dem sie das Auto mit ihrem Rüssel den Berg hinaufschob. Das war für die Amis ein fast kindli-

ches Vergnügen, eine Art Gaudi. Für die Tiere gab es dann eine Extra-Verpflegung aus der amerikanischen Küche und für den Wärter ein paar amerikanische Zigaretten, die damals sehr wertvoll waren. Schade, daß es von dieser Aktion keine Fotos gibt.

(Lutz Heck, Tiergartendirektor a.D., jetzt Augsburg)

Amis aus Bergnot gerettet

Über eine nächtliche Bergung und eine besondere Art der Begegnung mit der Besatzungsmacht in Oberammergau berichtet Rudolf Schnell, Jahrgang 1927:

Die Amerikaner liebten die Berge und zogen oft mangelhaft ausgerüstet und ohne alpine Erfahrungen ins Gebirge. Im Oktober 1946 gerieten zwei Soldaten am Laber zwischen Aschgraben und Schaffelberg in Bergnot. Einer konnte sich retten, der andere war vermutlich verletzt. – Mein Freund und ich von der Bergwacht machten uns auf, ihn zu retten. Wir fuhren zunächst mit dem amerikanischen Jeep zur „Wanne« und stiegen von dort aus durch den Aschgraben auf. Der Hunger plagte mich und ich zog aus meinem Rucksack ein Brotscherzl, das mir meine Mutter mitgegeben hatte. Es war neben kaltem Malzkaffee unsere einzige Verpflegung. Aber mein Kamerad meinte: „Jetzt derf ma nix essen. Vielleicht laden uns die Amerikaner nach dem Einsatz zum Essen ein und dann derzwing ma nix mehr, weil ma jetzt gessn ham." – Wir fanden den Amerikaner vollkommen durchnäßt, frierend und zitternd, aber Gott sei Dank unverletzt. Wir nahmen den jungen Mann zwischen uns ans Seil und traten den Rückweg an. Es war schon ein recht eigenartiges Bild: Zwischen zwei verdreckten, patschnassen Bergwachtlern torkelte die schlotternde Gestalt der Besatzungsmacht. Und mein Kamerad hatte recht! Wir wurden später in die Offiziersmesse gebeten – und trauten unseren Augen nicht. Es war wie im Schlaraffenland: Kaffee, Rahm, Milch, Honig, Zucker, Schinken, Eier, Butter, Erdnußbutter, Weißbrot, Marmelade, Cornflakes und ... und ... Wir saßen an weiß gedeckten Tischen und aßen und aßen. – Als wirklich nichts mehr in uns hineinging, bedankten wir uns und baten, nach Hause gefahren zu werden, denn gehen konnten wir nach diesem ungewohnten Frühstück nicht mehr! Kaum waren wir daheim, mußten wir all die guten Sachen wieder aus unserem Magen herauslassen, denn in diesen Hungerjahren der Kriegs- und Nachkriegszeit waren unsere Verdauungsorgane geschrumpft und für solche Leckerbissen und Mengen nicht trainiert.

(Kratz /Kummer, Rucksack)

Garmisch-Partenkirchen 1947

Unter dem Motto „So schön war es früher" beschreibt eine Journalistin die landschaftliche Schönheit des Ortes und den Wohlstand der Bürger durch den Fremdenverkehr:

„Der grausame Spuk ist vorüber. Garmisch-Partenkirchen blieb unversehrt. Die Berge stehen im alten Glanz und alter Schönheit. Und wieder wimmelt es im Ort von Gästen des In- und Auslandes. Freilich, diese Gäste sind nun anderer Art. „Every day's a holiday in Garmisch-Partenkirchen", ruft ein Plakat den jungen amerikanischen Soldaten zu. Ga-Pa ist recreational center, Erholungs- und Urlaubsort der 3. US-Army. Viele Hotels und Privatunterkünfte wurden belegt.

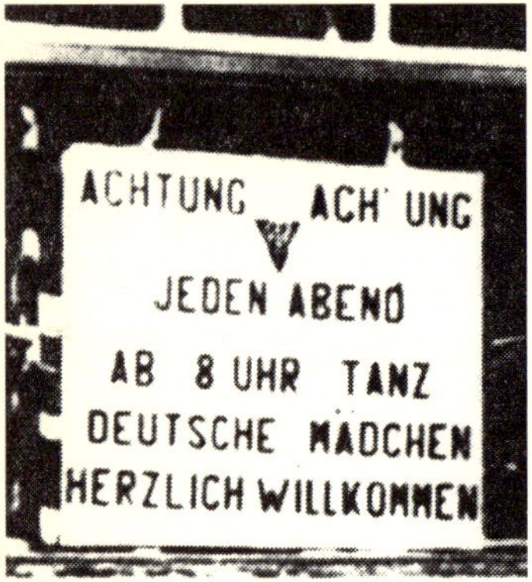

Wieder herrscht in den Straßen und Lokalen, auf Sportplätzen und in den Bergbahnen das laute geschäftige Treiben. Man sieht unbekümmerte junge Männer und hübsche gepflegte Frauen und Mädchen. Man spürt an allen Ecken und Enden das bescheidene, aber hoffnungsvolle Bemühen der Garmischer, sich wieder hochzuarbeiten. – Dazwischen aber gehen Menschen, wie man sie früher hier nicht sah, ärmlich gekleidet, mit verhärmten Gesichtern und ziellosen Augen: Flüchtlinge, für die zum Teil noch keine richtigen Unterkünfte vorhanden waren. Garmisch-Partenkirchen ist durch die ihr übertragenen Aufgaben (d. h. die Versorgung der Flüchtlinge) heute eine der schwerstbelasteten Gemeinden Bayerns. Es lebte im wesentlichen vom Fremdenverkehr. Es ist keine Industrie da und die wichtigste Einnahmequelle – der Fremdenverkehr – ist versiegt.

(Regenbogen, November 1947)

Gut gelebt

Amerikanische Soldaten, die die Nachkriegszeit in Bayern verbracht hatten, schwärmten später noch immer von diesen goldenen Zeiten. Sie lebten gut und gerne in Niederbayern und in den Städten München und Nürnberg. Sie hatten eigene Clubs und Kinos, konnten billig nach Übersee telefonieren, tändelten mit „Fräuleins" und profitierten vom Schwarzhandel.

Lebensmittelkarten und Bezugsscheine

Die kommunalen Verwaltungen versuchten, durch die Ausgabe von Lebensmittelkarten und Bezugsscheinen die wenigen Nahrungsmittel und Sachgüter einigermaßen gerecht zu verteilen. Die deutschen Behörden besaßen bereits eine langjährige Übung in der Ausgabe von Lebensmittelkarten, denn ein System des Marken- und Bezugsscheinwesens existierte bereits seit Ende August 1939. Nicht einmal in der Numerierung der Karten gab es nach der Stunde Null eine Zäsur; die Planwirtschaftler zählten einfach weiter und konnten im Frühling 1947 das Jubiläum der 100. Zuteilungsperiode feiern. Oft saßen in den Ausgabestellen Mitarbeiter, die dort auch schon im Krieg tätig waren; diese Tatsache führte häufig zu heftigen Auseinandersetzungen bis hin zu Tätlichkeiten zwischen Bittstellern und Bürokraten.

Wenig Lust zum Teilen

In der amerikanischen Zone waren schon frühzeitig deutsche Spitzeninstanzen gebildet worden, die schnell eine Eigendynamik entfalteten und Anordnungen von „oben" ignorierten. Der Wille, die Bewirtschaftungsvorschriften zu mißachten, war in Krisenzeiten besonders stark. Das Land zerfiel in „Überschußkreise" und „Zuschußkreise".

So entwickelte sich folgendes System: Von den knappen Gütern etwas abzugeben widerstrebte allen – vom kleinsten Bauern bis zu Gemeinden und regionalen Wirtschaftsgebieten. Verteilungskämpfe und „Ernährungsseparatismus" herrschten vor.

Stundenlanges Anstehen nach Karten

Lebensmittelkarten erhielt man, wenn entsprechende Registrierungen bei der Polizei und beim Arbeitsamt vorgenommen waren.

Lebensmittelkarten-Ausgabe

Die Ausgabe der neuen Lebensmittelkarten für die Zeit vom 25. Juni 1945 bis 22. Juli 1945 findet am

Donnerstag, den 21. Juni 1945

von früh 1/2 8 bis 12 Uhr und 14 bis 18 Uhr in den bekannten Ausgabestellen statt.

Raucherkarten werden mit ausgegeben an männliche Personen über 18 Jahre.

Die Abgabe von Lebensmitteln an Verbraucher darf nur nach Aufruf der Nummern in der jeweils angegebenen Menge erfolgen.

Der Oberbürgermeister
Stoffers

Hochland-Bote, Juni 1947
70 Prozent der Marken waren gefälscht

Gewinnsüchtige Kartenfälscher haben den Handel mit einer Unmenge falscher Marken überschwemmt, ungefähr 70 Prozent der eingelösten Marken für Fett, Fleisch und Käse waren gefälscht. Das Ernährungsamt Garmisch-Partenkirchen geriet deshalb in eine bedrohliche Ernährungskrise. – Die Spuren der Fälscher führten zu einer mit allen technischen Mitteln ausgestatteten Schwarzdruckerei in München.

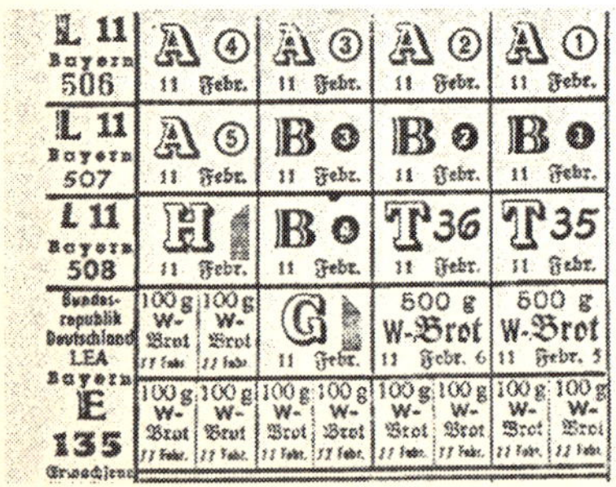

Die Hausfrauen mußten sich durch einen Wust verschiedener Anordnungen und Ämter durchfinden. Stundenlang standen sie in der Schlange, um den Haushaltsausweis, die Lebensmittelkarten, die Gemüsekarte, die Kartoffelkarte, die Seifenkarte, die Raucherkarte, die Punktekarte für Textilien, den Brennstoffausweis und die Zusatzkarten für Schwerarbeiter, Säuglinge, stillende Mütter zu erhalten.

Es gab 21 verschiedene Arten von Lebensmittelkarten, die nach Alter, Bedürftigkeit und Art der Tätigkeit gestuft waren. Der Kampf um die „bessere Karte" blieb über Jahre ein zermürbendes Unterfangen. Die Rationierung von Waren des täglichen Bedarfs endete in der amerikanischen Zone am 1.3.1950.

Im Durchschnitt erhielt der Normalverbraucher täglich

357 g Brot	17,8 g Zucker	71,4 g Gemüse
17,8 g Fleisch	16 g Marmelade	1/4 l Milch
4,4 g Butter	2,2 g Käse	357 g Kartoffeln
2,6 g Margarine	4,4 g Kaffee-Ersatz	
53,5 g Nährmittel	42,8 g Frischfisch	

Die Lebensmittelkarten allein garantierten nichts. Waren die Geschäfte leer, die Vorräte in den Lagern aufgebraucht und war auch dem stundenlangen Anstehen in verschiedenen Läden kein Erfolg beschieden, dann blieb nur die nackte Verzweiflung.

Lebensmittelkarten für Echsen und Giraffen

Der Tiergarten der Stadt Nürnberg erhielt in den Jahren 1945 bis 1948 Lebensmittelkarten für bestimmte Futtermittel (Fleisch, Getreide usw.) zur Versorgung der Tiere.

(Dr. Peter Muehling, Leitender Direktor des Nürnberger Tiergartens)

Unerwünschte Abmagerungskur

Im Sommer 1945 wurden mir in Erlangen die Lebensmittelkarten mit Marken für drei Wochen gestohlen. Ich bekam erst für die vierte Woche Ersatz. Was tun? Ich konnte mir einige Marken borgen, einige Male wurde ich zu Kartoffeln und Bohnen eingeladen und ab und zu bekam ich vom Bäcker ein schwarzes Brötchen „ohne". In dieser Zeit habe ich 4 kg abgenommen und wog unter 45 kg, allerdings bei einer Größe von nur 155 cm. Das war damals schon ein Vorteil.

(Dr. L. K. Friedmann, Hof)

Schlechte Erdnußbutter

Hin und wieder gab es Sonderzuteilungen, zum Beispiel Erdnußbutter. Die Ladenbesitzerin, die für die Verteilung zuständig war, behauptete den Kunden gegenüber, daß einem beim Verzehr sehr schlecht werden würde, weil sie die fettige Kostbarkeit gerne für sich behalten wollte. Wer sich nicht abschrecken ließ und trotzdem kaufte, wurde recht unfreundlich abgefertigt.

(Anneliese Dupont, Nürnberg)

Donau-Kurier, 11.3.1947

Diebe nahmen Abrechnung mit

In der Nacht vom 3. zum 4. März drangen unbekannte Täter in die Gemeindekanzlei Manching ein. Sie drückten eine Fensterscheibe ein, öffneten das Fenster, erbrachen einen verschlossenen Schrank und stahlen einen Karteikasten, in dem sich etwa 400 Lebensmittelkarten verschiedener Art, eine größere Anzahl Milchkarten sowie ungefähr 100 Raucherkarten befanden. Eine genaue Feststellung der Zahl der gestohlenen Karten ist im Augenblick nicht möglich, da die Abrechnung mit entwendet wurde.

Donau-Kurier, 12.11.1946
Hinweis für Diebe

Das Ernährungsamt der Stadt Haßfurt/Main, das in der letzten Zeit öfters von Einbrechern heimgesucht wurde, hat neuerdings in die Fenster große, eigens für die Einbrecher gemalte Plakate mit dem Hinweis angebracht: „Lebensmittelkarten nach Dienstschluß im Banktresor".

Bezugsscheine
Neben den Lebensmitteln mußten auch sämtliche anderen Güter rationiert werden, d. h. es gab kaum Waren, die frei verkauft wurden. Bezugsscheine erhielt man für Kleidung, Wäsche, Schuhe und Haushaltswaren. Um die Scheine mußten die Menschen kämpfen, aber noch vielmehr um die Waren selbst. Produktion und Angebote blieben weit hinter dem Bedarf zurück. Auch die Betriebe waren auf Zuteilungen wie z. B. Papier für Zeitungen, Draht, Arbeitsschuhe, Besen usw. angewiesen.

Drei Zimmerbesen für Nürnberg
Die Wirtschaftsämter listeten in monatlichen Berichten genau auf, wie viele Bezugsscheine an Bedürftige und Berechtigte ausgegeben werden konnten.
Das Wirtschaftsamt Nürnberg stellte fest, daß in einem Monat nur drei Zimmerbesen und einige Bürsten vorhanden gewesen seien und daß im Februar 1947 nur sechs Zangen ausgegeben werden konnten. Dazu die Feststellung: „Von einer normalen Verteilung kann nicht mehr die Rede sein. Die Antragsteller werden immer aggressiver, und fast täglich kommt es zu Beleidigungen und schweren Vorwürfen gegen die Sachbearbeiter."
(Mielke, Versorgungsprobleme)

Bettfedern und Rinderohren
Was sich heute wie eine Kuriositätenliste liest, war in den Nachkriegsjahren Alltag im Bezugsscheinwesen.
Der Zwangsbewirtschaftung unterlagen Treibriemen und Glühbirnen, Straßenbesen und Rasierseife, Bodenschrubber und Zigaretten, Tier-

körpermehl und Möbelstücke, selbst Schottersteine und Schweineborsten. Eine Ablieferungspflicht bestand für Pferdeschweife und Mähnenhaare, Bettfedern und Alpengras, auch Rinderohren unterlagen der öffentlichen Registrierung.

(Feuersturm, Aschaffenburg)

„Sehr geehrter Herr Bürgermeister"

Ein erschütterndes Bild der Nöte und Sorgen der Menschen geben die Bittbriefe an Politiker und Verwaltungsstellen ab. Die Briefe, die im Stadtarchiv Nürnberg gesammelt sind, zeigen eine Bandbreite, die von tiefster Verzweiflung bis zu anklagender Denunziation reicht. Zahlreiche Beschwerden über die Kartenstellen richteten sich nicht an die Ausgabestelle („das hat überhaupt keinen Zweck"), sondern an den Bürgermeister.

Die Kritik richtete sich hauptsächlich gegen Personen, die für die Ausgabe der Lebensmittelkarten und Bezugsscheine verantwortlich waren. Die Leiter der Kartenstellen wurden „wegen flegelhaften Benehmens", besonders den Frauen gegenüber, gerügt. Schnell machten Verdächtigungen die Runde: „Vielleicht ist es gar noch ein Nazi, ein verkappter." Schon der Anblick der Angestellten, die die Karten ausgaben, konnte zu Aggressionen oder gar zu tätlichen Angriffen führen. Vielfach wurde angeführt, daß alle Angestellten „wohlgenährt seien", und die Wut der spindeldürren Antragsteller richtete sich gegen „die dicken Damen auf der Kartenstelle".

(StadtAN C 28 Nr. 231)

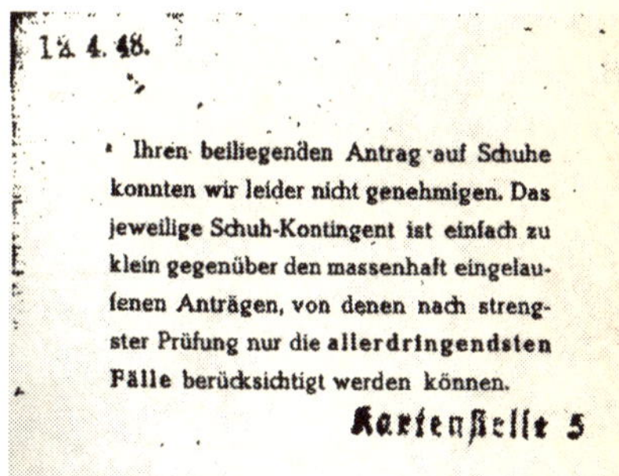
12. 4. 48.

Ihren beiliegenden Antrag auf Schuhe konnten wir leider nicht genehmigen. Das jeweilige Schuh-Kontingent ist einfach zu klein gegenüber den massenhaft eingelaufenen Anträgen, von denen nach strengster Prüfung nur die allerdringendsten Fälle berücksichtigt werden können.

Kartenstelle 5

Proteste und Hungerstreiks

In Friedenszeiten gilt ein Kalorienbedarf von ca. 2.450 Kalorien täglich für einen Leichtarbeiter als normal. Diese Menge hatte der Völkerbund vor dem Ersten Weltkrieg auf Grund eingehender sachverständiger Gutachten festgesetzt. Wird diese Kalorienmenge für längere Zeit unterschritten bzw. stimmt die Zusammensetzung der Ernährungsgrundlage aus Kohlenhydraten, Fett, Eiweiß usw. nicht, sind Mangelkrankheiten die Folge. Als Versorgungsminimum für die deutsche Bevölkerung veranschlagten die Siegermächte nach dem Zweiten Weltkrieg eine Zufuhr von 1.400 Kalorien täglich, die aber selten erreicht wurde. Eine Versorgung mit weniger als 1.400 Kalorien führt auch kurzfristig zur Schädigung des Organismus.
Mehr als ein Drittel der Menschen, besonders die in die Städte zurückflutenden Ausgebombten und Heimkehrer, die 12 Millionen Flüchtlinge und Vertriebenen, die Besitzlosen, erhielten lediglich 1.000 bis 1.700 Kalorien, also 30 bis 45 % des Vorkriegssatzes.

Jeweils in den Frühjahren 1946, 1947 und 1948 rutschte die Versorgung der städtischen Bevölkerung auf 1.000 Kalorien, in den Großstädten wie München und Nürnberg sogar auf 800 Kalorien ab. Hinzu kam die qualitative Verschlechterung der Lebensmittel von Jahr zu Jahr.

In der Bevölkerung hoffte man auf Hilfslieferungen aus dem Ausland. Als Lebensmittelspenden in größerem Umfang ausblieben, dagegen geschmacksungewohnte Getreide wie Mais geliefert wurden, schlug die Verzweiflung der Menschen in Haß und wilden Protest um.

Die berühmte „Hühnerfutterrede"
Großes Aufsehen erregte die Rede, die Johannes Semler, Direktor für Wirtschaft beim Frankfurter Wirtschaftsrat, Anfang Januar 1947 hielt. Er warnte vor der Gefahr einer großen Hungersnot in Deutsch-

land und griff die amerikanische Besatzungsmacht und ihre Hilfslieferungen erregt an: „Was hat man für uns getan? Man hat uns Mais geschickt und Hühnerfutter und wir bezahlen es teuer. Bezahlen es in Dollar aus deutscher Arbeit und deutschen Exporten. Und sollen uns noch dafür bedanken. Es wird Zeit, daß deutsche Politiker darauf verzichten, sich für diese Ernährungszuschüsse zu bedanken."

(J. Weber, Das Entscheidungsjahr 1948, S. 178)

Die Antwort: Die amerikanischen und britischen Militär-Gouverneure enthoben ihn seines Amtes.

Nichts in der Speisekammer

Als sich die Ernährungslage Anfang Februar 1948 enorm zuspitzte und eine akute Hungersnot drohte, erließen die deutschen Ernährungsbehörden das sogenannte „Speisekammer-Gesetz". Von den Kartenstellen wurden Fragebögen zur Erfassung der gehorteten Lebensmittel ausgegeben. Der Erfolg war gleich null. In Nürnberg wurden 21.000 Fragebögen an 135.000 Haushalte ausgegeben. Nur sechs (sic!) Haushalte füllten den Bogen aus und gaben einen Gesamtbestand von 56,5 kg Mehl und 115 kg Kartoffeln an.

Immer etwas im Hause haben

Wir haben damals ganz anders gelebt, ganz anders gedacht. Immer mußte man etwas organisieren und denken, was wird morgen sein. Gab es Pfefferersatz, kaufte man eine größere Menge, weil man dachte, wenn es mal keinen Pfefferersatz gibt, dann kannst du Pfeffer gegen Salz tauschen, was dann

vielleicht knapp ist. Man achtete darauf, immer einen kleinen Vorrat zu haben, die Angst vor dem Verhungern war groß. Meine Kinder, meine Mutter und ich erkrankten 1946 an Masern. Es ging uns sehr schlecht, wir konnten das Haus nicht verlassen. Da haben wir die letzte Tüte Haferflocken, die als eiserne Reserve noch aus der Vorkriegszeit stammte, aufgegessen. Und wir dachten, jetzt müssen wir sterben. Aber es ging irgendwie weiter.

(Helene Schade, jetzt Berlin)

Volksspeisung und Notküchen

In den Wintermonaten vegetierten bei eisiger Kälte ohne Strom und Heizung Tausende von alten und kranken Menschen in ihren Behausungen vor sich hin. Um ihnen wenigstens einmal pro Tag eine warme Mahlzeit zu reichen, wurden Volksküchen eingerichtet.

Neuer Text

Braune Reminiszenzen wurden variiert. Das Horst-Wessel-Lied der Nazi-Zeit erklang plötzlich mit neuem Text:

Die Preise hoch, die Zonen fest geschlossen.
Die Kalorien fallen Schritt für Schritt.
Es hungern stets dieselben Volksgenossen,
die andern hungern nur im Geiste mit.

(Spiegel spezial 4/1995)

Friedhofsankündigung

Als sich im Mai 1946 die Ernährungssituation derart verschlechterte, daß die Menschen mit einer Kalorienmenge von 1.100 Kalorien täglich auskommen mußten, klebte am Eingang des Friedhofs in Hof ein kleiner gelber Zettel mit dem Aufdruck: „Eingang zur 89. Versorgungsperiode".

(Macht, Vorabdruck Hofer Arbeiterbewegung)

Ernährungs-Tiefpunkt 1947 und Streiks

Die Versorgung mit Lebensmitteln erreichte 1947 einen absoluten Tiefstand. Der Sommer war extrem trocken, die große Dürre führte zu einer Mißernte. Alle Vorräte, selbst das Saatgut, waren aufgebraucht. Die Furcht zu verhungern erfaßte die Menschen panikartig und führte zu wilden „Hungerstreiks" und organisierten Arbeitsniederlegungen.

Bereits im Februar 1947 kam es zu spontanen Arbeitsniederlegungen im Ruhrgebiet, und in den ersten Wochen des Jahres 1948 überspülte eine neue, weit umfassendere Welle von weitestgehend friedlich ablaufenden Hungerprotesten die gesamte britische und amerikanische Zone. Zwischen dem 2. Januar und dem 3. Februar 1948 streikten und demonstrierten vermutlich zwischen vier und fünf Millionen Menschen; es protestierte also mindestens die Hälfte aller Beschäftigten gegen die unerträglichen Lebensbedingungen und für „Mehr Brot".

Die Situation drohte zu eskalieren. Der Deutsche Gewerkschaftsbund bezeichnete die Aufstände als „Ausdruck der physischen und psychischen Erschöpfung unseres Volkes".

Nürnberger Nachrichten, 10.10.1947

Hunger lähmt Musiker

In einer Konzertkritik wurde die „auffallend müde Wiedergabe" der Beethoven-Werke auf die Mangelernährung der Musiker zurückgeführt.

Generalstreik in Bayern oder „Will man uns wirklich leben lassen?"

Am 23. Januar 1948 kam es in ganz Bayern zum Generalstreik. In Nürnberg wurde er fast hundertprozentig durchgeführt, auch die Behörden beteiligten sich daran. Der bayerische Gewerkschaftsbund betonte zwar, daß sich die Protestaktion nicht gegen die Militärregierung richte, aber der Mann auf der Straße sah die Besatzer als Schuldige an der Hungersnot.

Die unhaltbaren Zustände trieben den Nürnberger Oberbürgermeister zu der Äußerung, er „zweifle daran, daß die Besatzungsmächte uns wirklich leben lassen wollen". Wenn nicht etwas gegen die Hungersnot unternommen werden würde, sei er dafür, daß „ganz Bayern vom Ministerpräsidenten bis hinunter zum Straßenkehrer streike, um der Welt unsere Not zur Kenntnis zu bringen".

Hungerstreik bei MAN in Nürnberg

Im Juli 1947 traten die Belegschaften von MAN und der Vereinigten Deutschen Metallwerke, insgesamt 6.000 Mann, in den Streik und protestierten mit der Arbeitsniederlegung gegen die Kürzung der Fettrationen um ein Viertel auf verbleibende 150 Gramm.

Weniger Arbeit für hungrige Beamte

Aus der Chronik der Stadt Tirschenreuth: 1947 treten die Angestellten und Beamten der Stadtverwaltung an den Stadtrat heran, die 40-Stunden-Woche einzuführen; die gegenwärtige Ernährungslage sei unzureichend, so daß eine Arbeitszeit von 45 Stunden in der Woche ohne Gesundheitsschäden auf die Dauer nicht erträglich sei. Diesem Antrag wurde stattgegeben und die 40-Stunden-Woche eingeführt.

»So a Blödsinn, der Schtreik!
Jedsmol schickt mi mei Alte dann
zum Hamschtera!!«
SLZ 101 v. 12.11.1948

100 gr
100 gr
Leberwurst
Gulasch in Dose
In diesem Geschäft
keine
Eier verkauft!

Hilfen zum Überleben

Behelfsmittel, Ersatzstoffe, Tauschhandel

Haushaltswaren aus Kriegsgerät
In München fand im November 1947 eine Ausstellung von Haushaltsgeräten aus Kriegsmaterial statt. Die Besucher staunten und betrachteten Ofenrohre aus Granathülsen und zerlegte Zeitzünder als Uhrwerke. Der Wunsch, diese Kostbarkeiten zu besitzen, wurde jedoch schnell gedämpft. Alle Waren konnten jedoch nur über die Landwirtschaftsämter auf Bezugs- oder Berechtigungsscheine erworben werden.

In Nürnberg stellten die Vereinigten Deutschen Metallwerke, während des Krieges ein wichtiger Rüstungsbetrieb, die Fertigung auf Zahnpastatuben, Rasierapparate, Kochtöpfe, Bratpfannen, Henkelmänner und Eßbesteck um. Die Rüstungsfirma *Diehl* produzierte Wecker. Für die benötigten Rohstoffe griff man teilweise auf Trümmerteile abgestürzter Flugzeuge zurück. Die *Spielzeugproduktion* wurde zurückgestellt, um die verfügbaren Maschinen und das vorhandene Material für wichtigere Zwecke einzusetzen. Statt Autos, Puppen und Hampelmänner stellte man Kartoffelschäler, Mülleimer und Kochlöffel her.

Zum Überleben wichtig
Haushaltsgegenstände, die in ihrer primitiven Ausführung noch heute auf Flohmärkten zu finden sind, waren in den Nachkriegsjahren lebensnotwendig.

Zum Beispiel:

Essentrage, Essenträger, Henkelmann – zum Empfang von Schulspeisung und um dem Vater das Mittagessen in die Fabrik zu bringen. *Schaumlöffel* und *Schneebesen* halfen bei der Zubereitung von Klößen und der Herstellung der beliebten falschen Schlagsahne, die *Küchenreibe* beim Zerkleinern von Obst und Gemüse.

Küchengeräte wie *Kartoffelstampfer* wurden häufig aus Aluminium-Flugzeugteilen hergestellt. Unansehnlich gewordene Kartoffeln und hartes, holziges Gemüse wurden zerstampft und als Brei oder Klopse serviert. *Quirle* fertigten Kleinhändler aus der Spitze einer Fichte.

Kohlenschaufeln produzierten Kleinbetriebe aus Stahlblech und Kriegsschutt. Kohlen wurden nicht ins Haus geliefert, sondern mußten von der Familie beim Händler abgeholt und in den Keller oder die Küche geschafft werden. *Große Schüsseln*, wichtig zur Körperpflege, zum Wäschewaschen und zur Vorbereitung von Obst und Gemüse für den Wintervorrat, kamen aus Alublech auf den Markt. Wer über einen *großen Waschkessel* verfügte, konnte Sirup und Rübenkraut kochen. *Nachttöpfe* ließen sich aus Kriegsmaterial, häufig auch aus verwandelten Stahlhelmen herstellen. *Koffer aus Holz* brauchte man, um Hamsterware heimzuschaffen. Viele Männer besaßen noch Wehrmachtskoffer; Kriegsgefangene brachten ihr Hab und Gut aus Amerika oder England in diesen Behältnissen mit. *Taschen* nähten geschickte Frauen aus Lederflecken, Möbelstoffresten oder Mehlsäcken, sie flochten Taschen aus Haferstroh und aus Kunststoff (Igelit). Taschen und Beutel trugen häufig noch Aufdrucke wie Deutsche Reichspost oder Mitropa. Aus Papierschnur geflochtene *Einkaufsnetze* trugen Männer und Frauen stets bei sich; sie waren wichtig, weil man jederzeit ein Behältnis für Sonderzuteilungen oder überraschende Angebote dabeihatte. *Brotbeutel*, auch gewendet, zeigten häufig noch die Aufschrift „Hitlerjugend". *Rucksäcke* wurden wie Augäpfel gehütet, ungern verliehen und waren fast täglich im „Einsatz". Sie halfen auf Hamsterfahrten und bei Verwandschaftsbesuchen. *Körbe* und *Kisten* wurden auf dem Lande und im Kleingarten besonders schmerzlich vermißt. Häufig verdarben empfindliche Früchte wie Erdbeeren auf den Feldern, weil Transport- und Verpackungsmaterial fehlten. In *Eimern* und *Milchkannen* transportierte man Magermilch, Wurstbrühe, die es markenfrei gab, und Essensreste aus den Kasernen der Alliierten. Alles, was unansehnlich, wenig schmackhaft, hart oder holzig war, wurde durch den *Fleischwolf* gedreht. Innereien, mehrmals durchgedreht, Fischlappen und Kohlstrünke gingen durch den Wolf und ergaben als Bouletten oder Klopse eine Abendmahlzeit. *Handwagen* und *Fahrräder* gehörten zu Wertgegenständen. Kleine Rollwagen hatten ein Gestell aus Fichtenholz, Achsen aus Eisenrundstäben und Räder aus Aluminiumguß. *Fahrradbereifung*, von Schmugglern aus Holland und Belgien angeschleppt, fand reißenden Absatz. Wer über einen *Destillierapparat* zum Schnapsbrennen, über eine *Öl- oder Zuckerrübenpresse* oder einen *Tabakschneider* verfügte, hatte viele gute Freunde und häufig Gäste. *Einkochgläser (Weckgläser)*, Weckringe und Spangen halfen, für Wintervorrat von Obst und Gemüse zu sorgen. Für den täglichen Einkauf war eine Tasche für die vielen unterschiedlichen *Lebensmittelkarten* unerläßlich. Omas *Kaffeemühle* verwandelte gestoppelte Getreidekörner in Grütze oder Mehl. *Draht* und *Bindfäden* hielten Koffer und Taschen zusammen. Mit *Ledergurten* und *Stricken* konnte man sich bei Hamsterfahrten festschnallen.

Donau-Kurier, 3.1.1946
Anzeige

Wer macht mir Tasche aus Schnur. Angebote unter Nr. 427 an diese Zeitung

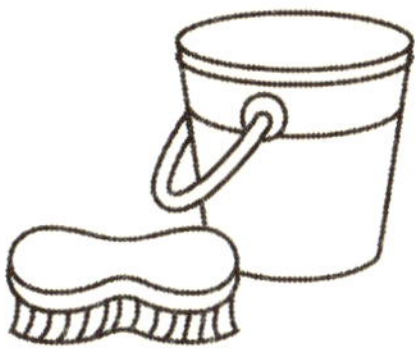

Donau-Kurier, 13.6.1947
Anzeige

FRUTTA, das angenehme Konservierungsmittel, sterilisiert rohe und gekochte Früchte – ohne Zucker und ohne Sterilisationsgläser in jedem zugebundenen Gefäß. Leider nicht so viel auf dem Markt wie gebraucht wird.
FRUTTA-Ges. Wiesbaden-Biebrich

Betten, Öfen, Sägen
Der Nürnberger Amtsdirektor Dr. Levié stellte 1946 ein eigenes Notprogramm für Hausrat und Schuhe auf. Er konnte erreichen, daß die Amerikaner aus ihren Beständen 700 Betten, dazu Öfen und Hausrat, abgaben und zum Transport auch Fahrzeuge, Fahrer und Treibstoff lieferten.

Durch geschickte Verhandlungen mit der Nürnberger Wirtschaft gelang es ihm auch, Kochtöpfe, Weckeruhren, Glas und Schuhmaterial zu besorgen und an Bedürftige weiterzuleiten.

Hochzeitskleid als Tauschobjekt
Der private Tauschhandel mit lebensnotwendigen Gütern wurde durch die Ausgabe der ersten Nachkriegszeitungen möglich und reichlich genutzt. So waren in den „Nürnberger Nachrichten", die erstmals am 11. Oktober 1945 erschienen, Tauschanzeigen wie „Hochzeitskleid (ungebraucht) gegen Fahrradbereifung" oder „Smoking gegen Tabakpflanzen" zu finden.

Zinnsoldaten gegen Butter
Mein Vater bot den Amerikanern selbstbemalte Zinnsoldaten an und erhielt dafür ein halbes Pfund Butter.
(Hannelore Rupprecht, Nürnberg)

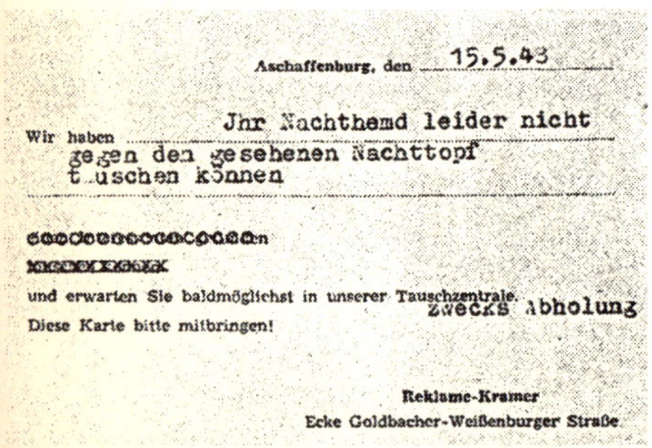
Aschaffenburg, den 15.5.43

Wir haben Jhr Nachthemd leider nicht gegen den gesehenen Nachttopf t.uschen können

und erwarten Sie baldmöglichst in unserer Tauschzentrale. zwecks Abholung
Diese Karte bitte mitbringen!

Reklame-Kramer
Ecke Goldbacher-Weißenburger Straße

Notbehelf: Kochen und Kühlen

Garen in der Kochkiste

Holz- und Kohlenmangel bereiteten zusätzliche Schwierigkeiten beim Kochen. So kam eine alte – und im Ersten Weltkrieg sehr bewährte – Garmethode wieder in Gebrauch: die Kochkiste. Eine Blech- oder Holzkiste wurde mit Sägespänen oder Holzwolle schön fest ausgepolstert. In der Mitte blieb eine Mulde für den Kochtopf. Getreide- und Reisgerichte konnten auf dem Herd kurz angekocht werden, dann verschwand der Topf in der Kiste, alles wurde fest in eine Decke eingepackt, und nach ein bis zwei Stunden waren Getreidekörner oder Milchreis fertig. Wer keine Kochkiste sein eigen nannte, behalf sich mit dem „Kochen im Federbett". Der Topf mit kurz angegarter Speise wurde in Zeitungspapier eingehüllt, in Tücher oder Decken verpackt und in das Bett zum Fertigkochen gestellt.

Suppe im Bett

Ich erinnere mich noch daran, daß es für mich als Kind eine besondere Freude war, wenn im Bett „gekocht" wurde. Von den Großeltern bekamen wir Getreidekörner, die in der Kaffeemühle grob gemahlen und in der Pfanne kurz geröstet wurden. In Wasser ließ meine Mutter die Körner kurz ankochen und stellte dann den Topf in mein Kinderbett. Nach ein paar Stunden waren die Körner gar, etwas Milch und ein Löffel Rübenkraut verfeinerten dieses „Sonntagsgericht der mageren Jahre".

(Tina K., München)

Kühlen ohne Eisschrank

Tips: Gemüse in Zeitungspapier einschlagen und in einem Steintopf aufbewahren. Fleisch anbraten, vollkommen erkalten lassen, zwischen zwei Teller legen und in ein feuchtes Tuch hüllen. Butter in einer Tonbutterdose aufbewahren oder fest in Papier einpacken und in kaltes Salzwasser legen. Wasser öfter erneuern. Käse in ein in Salzwasser getunktes Tuch einwickeln. Eier, Speck und Wurst in Papier einschlagen und im Ofenloch aufbewahren. Die dort herrschende kalte Zugluft bekommt den Nahrungsmitteln ganz ausgezeichnet.

Kochbücher und Rezepthefte

Bereits im Herbst 1945 erschienen in Zeitungen der amerikanischen Besatzungszone erste Rezeptbeilagen zum Sammeln von Eicheln, Wildfrüchten, Kräutern und zur Verwendung ungewohnter Lebensmittel wie Hafermehl, Mais und Trockengemüse. Viele Hausfrauen sammelten diese Rezepte, klebten sie in alte Schulhefte und notierten Kochanleitungen, die von Mund zu Mund gingen.

Die Nachkriegsjahre waren geprägt durch Ersatzstoffe, die häufig weder im Geschmack noch im Aussehen der „echten Ware" ähnelten. Lediglich die Erinnerung an die Versorgung vor dem Krieg verlieh dem Ersatz seinen Namen. Schlagsahne erhielt den Zusatz „falsch", wenn sie aus Stachelbeersaft und Süßstoff bestand, und „falsche Schokoladentorte", hergestellt aus Malzkaffee und Gerstenmehl, verdiente diesen Namen eigentlich nicht.

Selbst hergestellte Kapern

- In den ersten Frühlingswochen sammelt man die Blütenknospen der Gänseblümchen, des Löwenzahns oder der Sumpfdotterblume. Im Hochsommer kommen die grünen Früchte der Kapuzinerkresse oder die noch grünen Früchte des Holunderstrauches hinzu. Die Knospen und Früchte kurz waschen und mit einer starken Essiglösung übergießen und gut verschlossen einige Wochen stehen lassen. Die »falschen Kapern« eignen sich zum Würzen von Gemüse- und Fischsalaten, für Soßen und Brotaufstriche.

Ersatz für Zitrone und Essig

- Die Früchte der Berberitze verlesen, entstielen, waschen und zerdrücken. Mit wenig Wasser weich kochen, durch ein Sieb geben und den heißen Saft in heiß ausgespülte Flaschen geben und gut verkorken. Der Saft kann als Säuerungsmittel wie Zitrone oder Essig verwendet werden.

Kürbiskerne verwenden

- Kürbiskerne gut trocknen lassen. Später die Kerne aufbrechen, den weichen Kern von dem Häutchen befreien und dann als Mandelersatz verwenden. Die Kerne können auch kurz geröstet und als Knabberzeug angeboten werden.

Apfelschalen trocknen

- Im Herbst fallen viele Apfelschalen an, die nicht weggeworfen werden sollen, sondern an einem luftigen Ort zum Trocknen über Wäscheleinen oder Drahtsieb gelagert werden sollen. Man bewahrt die Schalen luftig in Leinenbeuteln auf. Im Winter ergeben sie, mit heißem Wasser überbrüht und mit etwas Zitronengewürz veredelt, ein wohlschmeckendes Getränk.

Zusätzliche Nahrungsquellen

Schwarzmarkt

Ein Großteil der produzierten Lebensmittel – Schätzungen sprachen von 30–60 % – verschwanden auf dem Schwarzmarkt.

Kalorienexpreß von München nach Köln

Die Rheinländer zogen mit Tauschwaren per Bahn nach Bayern, um Lebensmittel einzutauschen. Im Januar 1948 meldete die Kriminaluntersuchungsabteilung München: „Es wurden fünf Personen festgenommen, die illegal 38.000 Zigaretten, 10.000 Stumpen, 1.000 elektrische Glühbirnen und 1.200 Rasierklingen in die amerikanische Zone eingeführt haben. Sie wollten diese Sachen gegen Lebensmittel umtauschen".

(Boelcke, Schwarzmarkt)

Erholung für Schwarzhändler

Auch das gab es in der schlechten Zeit. Auf Sylt, in Timmendorf, Niendorf und Scharbeutz tummelten sich die Könige des Schwarzen Marktes. Sie konnten die horrenden Preise bezahlen, die in den Badeorten für Unterkunft und Bewirtung gefordert wurden. Geld spielte keine Rolle, eine Flasche Whisky kostete 800 Reichsmark, und für einen Tag Vollpension mußten 500 Reichsmark hingeblättert werden. Dann stand aber genau soviel auf dem Tisch wie im Frieden. Jeder bereicherte sich an jedem. In zwei Wochen bald 150.000 Mark zu

Donau-Kurier, 24.10.1947

Stahl gegen Speck

Die Preisbehörde für den Landkreis Ingolstadt stellt fest, daß aus der britischen Zone kommende Personen meist Stahl- oder Textilwaren mit sich führen, die sie gegen Lebensmittel tauschen wollen. Westdeutsche Betriebe bestätigen schriftlich, daß diese Waren als Lohnausgleich an die Arbeiter abgegeben wurden. Die britische Zone beliefert also vornehmlich den Tausch- und Schwarzmarkt, wobei der Normalverbraucher der Geprellte bleibt.

verdienen war für manchen Hotelier nichts Ungewöhnliches, denn für eine gute Partie Wein bezahlte er schließlich auch 75.000 Mark, und das Pfund Tee war nicht unter 800 Mark zu haben. Die Spielkasinos waren übervoll wie in besten Friedenszeiten, und vom Gewinn wurden Abend für Abend 1.500 Mark für Flüchtlinge, Kriegswitwen und Waisenkinder zurückgelegt. Man war mildtätig gestimmt. Dem ganzen Spuk wurde schließlich im August 1947 ein Ende bereitet, als eine systematische Razzia von deutscher Polizei und britischem Militär dem großen Tamtam ein Ende setzte. Man fand ganze Wagenladungen Wein und Schnaps, Stangen von Zigaretten, Koffer voll Speckseiten.

(Zitiert nach Grube/Richter –Schwarzmarktzeit)

Kompensationsgeschäfte

Nahrungsmittel gegen Waschpulver

Das nördliche Baden-Württemberg hatte Textilien, die man gegen überschüssige Nahrungsmittel aus Nordbayern tauschte. Auch Schweinfurt beteiligte sich an diesem Handel und schloß mit der Firma Sunlicht in Mannheim einen einmaligen Vertrag über eine Großlieferung von Feinwaschmitteln.

(Driesel, Schweinfurt)

Bauern und Städter

Die Bewohner der Städte und die Bauern auf dem Lande standen sich in der Nachkriegszeit distanziert bis feindlich gegenüber. Während die Stadtbewohner Reste ihrer Habe gegen Nahrungsmittel eintauschen mußten, sahen sie die meist gut genährten Bauern als Gewinner, sich selbst als Verlierer des Krieges. Dabei wurde vergessen, daß viele Bauernhöfe vom Krieg zerstört waren, häufig mußte die Bauersfrau den im Krieg gefallenen oder sich noch in Kriegsgefangenschaft befindenden Bauern ersetzen. Landarbeit war schwer, es fehlten Saatgut und Düngemittel. Weil die Grundstoffe für die Herstellung von chemischen Düngern im Krieg auch für die Produktion von Sprengstoffen benutzt wurden, verboten die Alliierten zunächst die Herstellung von Kunstdünger. Zerstörte Landmaschinen konnten nicht repariert werden oder waren nur mit großem Aufwand zu bedienen. Die Dorfbewohner litten unter Überfällen krimineller Banden und mußten ihr Hab und Gut mit Mistgabeln und scharfen Hunden verteidigen.

Der Mistgabelprozeß

Für Aufsehen sorgte im Juni 1947 der „Mistgabelprozeß" gegen 31 Bauern aus dem Landkreis Roding. Zwei Arbeiter einer Kölner Werkzeugfabrik waren mit 42 Mistgabeln in den Landkreis gefahren und hatten sie dort gegen Lebensmittel vertauscht. Das Geschäft war aber aufgeflogen, und Arbeiter und Bauern kamen vor ein Schnellgericht der Militärregierung. Die Bauern führten zu ihrer Verteidigung an, daß sie es als ihr gutes Recht betrachteten, „schwarz" zu handeln, da sie die Mistgabeln auf keine andere Weise bekommen könnten.

(Erker, Ernährungskrise)

Ein Ei und 21 Bauernhöfe

An einem Tag haben wir 21 Bauerhöfe beim Hamstern abgeklappert. Die Ausbeute bestand aus 1 Ei, 1 Tüte Mehl und 2 Scheiben Brot.

(Hannelore Rupprecht, Nürnberg)

Draht für „Geräuchtertes"

Viele Bauern setzten ihre zusätzlichen Schwarzmarkteinkünfte durchaus rationell ein. Im Landkreis Vilshofen hatten sich 50 Bauern zusammengetan, um über einträgliche Schwarzmarktgeschäfte eine bessere elektrische Versorgung der Gegend zu erreichen. Sie hatten sich für 50 Zentner Mehl und 4 Zentner Geräuchertes 35.000 m Freileitungsdraht beschafft, ehe diese „schwarze Infrastrukturmaßnahme" doch noch aufflog.

(Erker, Ernährungskrise)

Ochsen für die Werkskantine

Die Werkskantine der Elektrotechnischen Versuchsanstalt der Reichsbahn in München-Freimann beschaffte sich laut Schwarzmarktbericht der Stadt München vom 20.2.1946 innerhalb eines Jahres durch Schwarzeinkäufe Vieh und Getreide aus der Landshuter Gegend, darunter zwei Ochsen, fünf Schweine, vier Spanferkel, 19 Zentner Weizen, sechs Zentner Mehl. Diese Waren wurden an die Werksangehörigen „ohne Marken" verteilt und damit der allgemeinen Versorgung entzogen.

(Protzner, Vom Hungerwinter)

Kleingärten

Die Bewohner von Klein- und Mittelstädten hatten bereits in den Kriegsjahren ihre Haus- und Schrebergärten in reine Nutzgärten umgewandelt, um unabhängig von den Obst- und Gemüsezuteilungen zu sein. In der Nachkriegszeit stellten diese Gärten eine wichtige Nahrungsquelle dar.

Kündigung eines Hühnerdiebes gefordert

Brief an Stadtverband Nürnberg der Kleingärtner im Juli 1949:
Betr. Kündigung eines Kleingartens in der Kolonie 10, Klingenwald 1.
Die Ehefrau des Kleingärtners T. wurde beobachtet, wie sie dem Kleingärtner Sch. gehörige Hühner eingefangen hatte. Auf der Suche nach diesen, fragte Frau Sch. auch Herrn T., ob er die Hühner nicht gesehen habe. Dieser verneinte, und lenkte den Verdacht auf einen Gartennachbarn, der gesagt haben soll, er werde die Hühner erschlagen. Nach weiterem Forschen traf Frau Sch. die Augenzeugin, die verriet, daß die Hühner im Garten des T. versteckt sind. Schließlich wurden diese mit beschnittenen Flügeln ausgehändigt. Die Mitglieder der Kolonie sind fest davon überzeugt, daß hier eine Diebstahlsabsicht bestanden hat und fordern daher die Entfernung T.'s aus der Kolonie.

(StA Nürnberg E6/1259/500)

Fehlendes Gartenland in Garmisch

In Garmisch-Partenkirchen bestellte nach Kriegsende die Stadt ein großes, städtisches Gartengrundstück mit Gemüse, das die Vitaminversorgung für rund 300 Angestellte der Stadt sicherstellte. Protest wurde erhoben, als die amerikanische Besatzungsmacht das Grundstück für sich beanspruchte.

(Akte Bgm Garmisch 16.8.1945)

Chronik Fürth, 28.7.1945
Einbruch beim Ami

Am 28.7.1945 wurde durch Einbruch bei dem amerikanischen Leutnant Höppner in Dambach ein Fotoapparat, 2500 Zigaretten und 25 Tafeln Schokolade gestohlen.

Schwäbische Landeszeitung, 31.3.1948
Gefängnisse voll

Der Anstieg der Kriminalität gegenüber den Vorjahren wird als erschreckend bezeichnet. Die Militärgerichte in Augsburg verzeichneten im Jahre 1947: 24 Morde, 20 räuberische Überfälle, 59 schwerste Diebstähle und Einbrüche. Die Gefängnisse sind zum Bersten voll.

Garnrollen im Hüfthalter

Textilfabriken in Hof suchten in der Nachkriegszeit dringend Arbeiterinnen, die für einen geringen Lohn in der Spinnerei oder Weberei arbeiteten. Geld hatte keinen großen Wert, die Frauen und Mütter, die zu Hause eine ewig hungrige Familie zu versorgen hatten, kamen auf einen Dreh: Sie klauten Garn! Nicht alle, aber viele versteckten Garnrollen in mitgebrachten Taschen, in Strümpfen und Stiefeln, ja selbst im Hüftgürtel und in ihren baumwollenen Unaussprechlichen, die damals noch einen respektablen Umfang hatten. Aus dem Garn strickten die Frauen und Mädchen Männersocken, Unterwäsche und sogar wunderschöne Pullover, die als Tauschware sehr lohnend waren. Zwei oder drei Garnituren Unterwäsche ergaben drei Vierpfundbrote oder einen Sack Kartoffeln.
Später, als der Hofer Stadtrat die neue Friedrich-Ebert-Brücke, die zu den Spinnereien in der Fabrikvorstadt führt, einweihen konnte und dort eine weibliche Figur mit einer Spindel aufstellen ließ, hatte der Volksmund gleich einen passenden Namen bereit: „Garnklauera", zu deutsch – Garndiebin.

(Macht, Vorabdruck Hofer Arbeiterbewegung)

Diebstähle im Amt

In den Ernährungsämtern kam es häufig zu Diebstählen. Aus Fürth berichteten die Ernährungsamtsleiter auf einer Tagung im August 1946:
Während die Bearbeiterin des Ernährungsamtes für einige Minuten ihren Arbeitsplatz verließ (um ihre Milchzuteilung abzuholen), wurde das Dienstsiegel entwendet. Da diese Vorgänge sich häuften, forder-

ten die Leiter verschließbare Kassenschränke zur Aufbewahrung von Karten und Stempeln an.

(Bericht der Ernährungsamtsleiter vom 28.8.1946, Stadtarchiv Fürth)

Betrügerische Grußbesteller

Das Vertrauen in die Ehrlichkeit der Mitmenschen wurde auch durch Betrüger erschüttert, die sich als Kameraden von Kriegsgefangenen oder gar von Vermißten ausgaben. Mit erfundenen, oft rührenden Geschichten erschlichen sie sich das Vertrauen der Ehefrauen und Angehörigen, die – für jeden kleinsten Hinweis dankbar – Geld, Wertgegenstände und selbst die letzten Lebensmittelkarten hergaben. Dieses verwerfliche Tun nahm in Aschaffenburg derart überhand, daß der Leiter des Polizeiamtes eindringlich vor falschen Grußbestellern warnen mußte.

(Stadtmüller, Aschaffenburg)

Lohnende Bettelei

Etwa 800 Bettelbriefe schickte der 23jährige Heinrich C. während der letzten beiden Jahre nach Amerika und in andere Länder. Er schrieb an Bischöfe, Universitätsprofessoren, Kaufleute und auch an den Nizam von Hyderabad, der als der reichste Mann der Welt gilt. Die Adressen in den Vereinigten Staaten entnahm C. einem Jahrbuch amerikanischer Kirchen. Die außergewöhnliche Zahl von CARE-Paketen, die C. erhielt, erregte den Verdacht der CARE-Gesellschaft. C., der verhaftet worden ist, gestand, daß er ungefähr 90 CARE-Pakete bekommen hat. Er wird sich vor dem amerikanischen Militärgericht zu verantworten haben.

(Mitteilungsblatt DRK 1948/1949)

Speckseiten für Curd Jürgens

Curd Jürgens, mit 160 Filmen einer der erfolgreichsten deutschen Schauspieler, mußte nach Kriegsende einige Zeit pausieren und verdingte sich als Wanderschauspieler im bayerischen Raum.

In seinem autobiographischen Roman beschreibt er seine Theatererfahrungen: „Die Münchner Gastspielbühne Curd Jürgens hat einen alten Opel mit Anhänger erworben. Im Anhänger sind die Dekorationen verstaut, im Auto das Ensemble ...

Ich sitze in Kostüm und Maske an der Kasse, bis der Vorhang aufgeht ... Das Publikum rast. Zum Abschied am nächsten Morgen findet sich ein Teil der Bevölkerung vor dem Gasthaus ein, um uns zu bitten wiederzukommen, liefert Speckseiten, Landbrot und frische Eier ab, die wir im Anhänger unter Kostümen und Requisiten verstauen. Weiter geht's nach Ingolstadt, Landshut, Deggendorf, Geiselhöring und Straubing ...

In Straubing ist das Theater gasbeheizt. Das bedeutet warme Garderoben. Ursula Herking kann endlich mit echtem Dekollete auftreten, ohne die zwei Paar dicken wollenen Schlüpfer. Denn der Herbst 1945 ist saukalt. Der Bürgermeister beglückwünscht uns und bittet uns zu bleiben. Die Bevölkerung brauche geistige Nahrung, zu essen gäbe es im reichsten Gebiet Bayerns genug ... Stars erhalten als Gage ein Spanferkel, ein halbes Schwein, ein paar Gänse, je nach Rang und Namen. Denn es stellt sich heraus, das neue Zeitalter ist verdammt verfressen und geldgierig."

(Jürgens, ... und kein bißchen weise)

Schinken und Fußball

Der 1. FC Nürnberg, deutscher Fußball-Meister 1948, spielte bereits ab August 1945 wieder auf dem grünen Rasen. Der Manager Herbolsheimer hat genau Buch über die Spiele und die „Einnahmen" geführt: Spiel gegen Altötting, August 1946, erhalten 20 Pfund Fleisch und Mehl. Spiel gegen Traunstein – einen geräucherten Schinken. Nach dem Spiel gegen Kalchreuth erhielt jeder Spieler zwei Steigen Kirschen; drei Zentner Äpfel ließen sich die Göttinger ein Gastspiel kosten, der Chronist Herbolsheimer vermerkte allerdings in Klammern „Fallobst". Weitere Einnahmen verbesserten die Lage des Vereins: Sportdress, Strümpfe, Hosen, sechs Zentner Kohlen und sogar einen Gartenzaun, mit dem der Verein seinen Sportplatz einzäunen konnte.

(Trümmerjahre, 1985)

Rezepte – Kochen ohne alles

Speisen

Brot

Brot war das wichtigste Nahrungsmittel in den Hungerjahren. Fehlte das Brot, schlug die Stimmung bei den hungernden Menschen in Zorn und „Hungerproteste" um. Der Unmut richtete sich in erster Linie gegen die Besatzungsmächte, die, so meinte man, nicht genug zur Versorgung der Menschen beitrugen. In den Großstädten nahmen die Proteste bedrohliche Formen an, und man hörte Sprüche wie „das haben wir nun von der viel gepriesenen Demokratie – bei Hitler hatten wir wenigstens Brot".

Häufig erhielt die Hausfrau statt Brot Kartoffelpuder, Hafermehl, Maisgrieß u. ä.; daraus eine wohlschmeckende und nahrhafte Mahlzeit herzustellen bereitete Schwierigkeiten, weil Rezepte und Erfahrungen fehlten.

Bis zum letzten Korn

Die Entwicklung in der Brotgetreideversorgung in den Jahren 1947/48 gab zu größten Besorgnissen Anlaß. Es wurde kritisiert, daß verschiedentlich Landräte erhebliche Mengen an Getreide zurückhielten, um in erster Linie die Versorgung ihres Landkreises sicherzustellen. Der bayerische Staatsminister Dr. Baumgärtner dramatisierte:

Hochland-Bote, Juni 1947
Keine Mühlen in Garmisch

Unsere engere Heimat ist keine „nahrhafte Gegend". Garmisch-Partenkirchen hat keine eigenen Mühlen. Deshalb ist es mit unserem Brot, wörtlich genommen, „von weit her". Die Bahn muß (das Getreide) aus Ingolstadt, Altötting, Landshut oder aus der Augsburger Gegend herbeischaffen.

„Ich mache daher allen Landräten und allen Leuten der Ernährungsämter zum wiederholten Male und in aller Schärfe zur Pflicht, unverzüglich unter Hintansetzung aller übrigen noch so wichtig erscheinenden Arbeiten sich der Erfassung des letzten Korns Getreide mit allen Kräften zu widmen."
(Stadtarchiv Fürth AR 44 / 1)

Kein Strom – kein Brot
Im Frühjahr 1946 war die Brotversorgung in den Großstädten katastrophal. Um Energie zu sparen, wurde in der Nürnberger Region wöchentlich für 16 bis 24 Stunden der Strom abgeschaltet. Dadurch konnten die Mühlen nicht kontinuierlich mahlen. 84 Nürnberger Bäckereien mußten schließen.
(StadtAN C 28 Nr. 296)

Vier Kilo Brot für vier Wochen
Im Mai 1946 sank in Nürnberg die tägliche Kalorienmenge für Normalverbraucher auf 1.164. Der starke Rückgang wirkte sich vor allem auf die Brotration aus, die für die nächsten vier Wochen nur vier Kilogramm betrug.

Erich Kästner: Kein Brot und eigensinnige Kühe
Den Schriftsteller Erich Kästner hatte es durch glückliche Umstände aus dem brennenden Berlin nach Oberbayern verschlagen. Er notierte am 1. Mai 1945 in seinem Tagebuch aus Mayrhofen:
Gestern wurden die Lebensmittelkarten für den Monat Mai verteilt. Und heute gibt es schon keine Lebensmittel mehr, kein Brot, keine But-

ter, keine Teigwaren (Flüchtlinge aus Wien hatten die Geschäfte gestürmt). Es war eine legale Plünderung. (Die Geschäftsleute) mußten am ersten Tag alles hergeben, was wochenlang reichen sollte. Da Brot die Angewohnheit hat, altbacken zu werden, wurde auch sehr viel Mehl gekauft. Und nun gibt es weder Brot noch Mehl. Die Bitte „Unser täglich Brot gib uns heute" wird sich, mindestens während der nächsten vier Wochen, auch für fromme Leute kaum erfüllen lassen, (es sei denn) sie seien Müller oder Bäcker.
Auch wir sind, wenn man es wörtlich nimmt, brotlos. Butter und Käse lassen sich immer einmal wieder für teures Geld beschaffen, und ich habe noch Geld. Wenn die Kühe im Zillertal außer Milch auch Mehl gäben, wäre auch die Brotbeschaffung mehr und nichts weniger als eine Geldfrage. Doch die Kühe sind eigensinnig. Und weil hier oben kein Getreide wächst, ist Brot teurer als Geld.

(Kästner, Notabene 1945)

Weißbrot als Kuchen

Wir kannten als Kinder nur schwarzes Brot; war es gelblich, dann war Mais mit verbacken. Bekamen wir einmal von der amerikanischen Militärbäckerei ein Weißbrot, aßen wir es als Kuchen.

(Jenny K., München)

Krusten von der Oma

Von meiner Oma bekam ich als Zusatzration die Krusten von ihren Brotscheiben, die sie nicht beißen konnte.

(Hane, Kindheit)

Sonntagsbrötchen

125 g Hafermehl
125 g Weizenmehl
15 g Hefe
1/4 l Molke
etwas Salz

→ **Mehl in eine Schüssel sieben, die Hefe mit etwas Molke breiig rühren, dann mit Mehl und Molke zu einem Teig verarbeiten. An einem warmen Ort läßt man den Teig zur doppelten Höhe aufgehen, formt den Teig zu einer Rolle, schneidet gleichmäßig große Stücke ab und fertigt kleine Brötchen, die in der Mitte eingekerbt werden. Auf ein gefettetes Blech legen und nochmals aufgehen lassen, bei Mittelhitze 25 Minuten backen.**

Quarkbrötchen

4 Eßl. Öl
1 Ei
1/2 Teel. Salz
125 g Quark
200 g Mehl
1/2 Päck. Backpulver
2 Eßl. Wasser
etwas Milch
Kümmel zum Bestreuen

➜ **Öl, Ei, Salz und der gut abgegossene Quark werden verrührt, Mehl mit Backpulver zugegeben und mit dem Wasser verrührt. Man sticht den Teig mit dem Löffel ab, formt Brötchen, die man mit etwas Milch bestreicht und mit Kümmel bestreut. Sie werden auf ein gefettetes Blech gelegt und 20-30 Minuten bei guter Mittelhitze gebacken.**

Falsche Bratheringe aus Brot

➜ **Aus Wasser, Essig, Lorbeerblatt, Wacholderbeeren und Salz eine Soße kochen und erkalten lassen. Einige Scheiben Graubrot auf dem Herd oder Ofen rösten, die Brotscheiben kurz in der Soße ziehen lassen und sofort essen. Es schmeckt wie „Bratheringe".**

Erinnerung an die Notzeit

Ich bin Jahrgang 1950, habe deshalb keine Erinnerungen an Hungerjahre. Aber in der Bäckerei, in der meine Oma in München immer einkaufte, hing ein schon ziemlich verblaßtes Schild mit der Aufschrift:

> ***Brot von gestern ist nicht hart.***
> ***Gar kein Brot – das ist hart.***

Meine Oma hat mir oft erzählt, wie Hunger richtig weh tat und ein Stück Brot, egal wie hart es war, glücklich machen konnte.

(Ingrid Berg, Berlin)

Brotsuppe

100 g Brot (auch altbacken)
20 g Butter
1/2 l Wasser oder Gemüsebrühe
Kümmelpulver
Salz

➜ **Das Brot in feine Streifen schneiden und in der Butter, mit Salz und Kümmel bestreut, braten. Auf Teller verteilen und die heiße Brühe darüber gießen.**

Brotplinsen

3 Eßl. Mehl
4 Eßl. Wasser
1 Prise Salz
1 Eßl. Fett
1 dicke Scheibe Schwarz- oder Weißbrot
1 Eßl. Zucker

➜ **Das Mehl im Wasser vorquellen lassen. Das Brot würfeln und in einer gefetteten Pfanne rösten. Das Wasser-Mehl-Salz-Gemisch darübergeben und von beiden Seiten backen. Wenn vorhanden, mit Zucker bestreuen.**

Haferplatten

→ **Haferflocken grob wiegen und mit ganz wenig Mehl, Wasser und etwas Salz verkneten. Man wellt je ein Stückchen Teig dünn aus und bäckt die handtellergroßen Platten bei Mittelhitze aus. Sie sind frisch sehr gut, dürfen aber nicht zu dunkel werden, weil sie sonst bitter schmecken.**

Kartoffelbrot

500 g Mehl
400 g gekochte, geriebene Kartoffeln
100 g gewiegte Haferflocken oder Grieß
Salz
40–50 g aufgelöste Hefe

→ **Die Zutaten mit etwas Milch oder Wasser gut verkneten und den Teig ordentlich aufgehen lassen. In zwei bemehlte Kastenformen geben und nach nochmaligem Aufgehen bei guter Mittelhitze eine Stunde backen.**

Falsche Pumpernickel

300 g kalte geriebene Kartoffeln
400 g angewärmtes Roggenmehl oder Roggenschrot
100–150 g getrockneter und nochmals gemahlener Kaffee-Ersatz (von bereits gekochtem Ersatzkaffee)
Salz
1 Tasse Sauerteig

→ **Die Zutaten mit wenig lauwarmem Wasser zu einem Teig verrühren, aufgehen lassen und zu einem Laib formen, auf ein Blech legen, nochmals aufgehen lassen und bei guter Hitze 1 1/2 Stunden backen. Das Brot läßt sich später aufschneiden und ähnelt in Geschmack und Aussehen dem westfälischen Pumpernickel.**

Brot-Strecker

→ **Aus kalten geriebenen Kartoffeln, Mehl, Salz, Kümmel oder frischen Kräutern einen Teig bereiten. Brotscheiben formen und ohne Fettzugabe in der Röhre bei guter Hitze backen. Diese Art „Kartoffelpuffer" legt man auf dünne Brotscheiben und streut Schnittlauch darüber. Das schmeckt gut, sättigt und spart Brot.**

Mais

Da in den ersten Nachkriegsjahren verstärkt Mais aus den Vereinigten Staaten eingeführt wurde, gab es in Deutschland anstelle von Weizenmehl vor allem Maismehl oder Maisgrieß. Mit diesen Nahrungsmitteln konnten sich die Hausfrauen aber nur schwer anfreunden: Maismehl klumpte leicht, es war durch den hohen Fettgehalt nur bedingt lagerfähig, und Maisgerichte verdarben – besonders im Sommer – sehr schnell. Hausfrauen erhielten deshalb den Ratschlag: Der Geschmack der Maisgerichte kommt am besten zur Geltung, wenn die Speise heiß serviert und heiß gegessen wird.

Auf dem Höhepunkt der Hungerkrise im Februar 1947 bestand das Brot zu 100 Prozent aus Maismehl, später wurde wochenlang 70prozentiges Maisbrot gebacken.

Der Grund für die umfangreichen, aber ungeliebten Maislieferungen soll übrigens ein Übersetzungsfehler gewesen sein. Auf die Frage der zuständigen Besatzungsoffiziere an die deutschen Verwaltungsbeamten, was die Bevölkerung am dringendsten brauchte, hätten sie geantwortet: Korn! Brotgetreide fehlt uns am meisten. Der Dolmetscher hätte „Korn" mit „corn" übersetzt, was im Englischen umgangssprachlich tatsächlich Getreide bedeuten kann, in Amerika aber normalerweise für „Mais" verwendet wird.

Schwer im Magen

Das kompakte, schwer verdauliche Brot stieß auf große Ablehnung. „So gelb, als wären Eier drin ... und man hat das Gefühl, als ob man Eier legen müßte, wenn es einem im Magen liegt – ärgerte sich eine Hausfrau, die in der Maisbrotschlange stand. Jeder pflichtete ihr bei."

(Gries, Rationengesellschaft)

Maispfannkuchen

10 Eßl. Maismehl
1 Pr. Salz
Fett zum Braten
3/8 l Wasser oder Magermilch
Zucker
Zimtersatz

→ **Maismehl und Salz mischen und nach und nach in die Flüssigkeit einrieseln lassen. Mit einem Schneebesen zu einem nicht zu dickflüssigen Teig verrühren. Zum Vorquellen 20–30 Minuten stehen lassen. Etwas Fett in einer Pfanne schmelzen lassen und löffelweise Teig zugeben, beidseitig backen und mit Zucker und Zimtersatz bestreuen. Apfelmus paßt gut dazu.**

Verwendung von Eichelmehl

Bereits im Herbst 1945 erschienen in Zeitschriften die ersten Hinweise, daß die Lebensmittel im kommenden Winter noch knapper sein würden. Neben Wildgemüse erinnerte man sich an die Verwendung von Eicheln als Mehlersatz.

Es gab Hinweise zum Sammeln von Eicheln. „Je dicker, je besser«, lautete der Ratschlag. Jede Eichel mußte sorgfältig auf Maden und anderes Ungeziefer untersucht werden. Dann begann der zeitraubende Prozeß der Zubereitung:

> *Die Eicheln in eine eiserne Pfanne schütten, mit einem Deckel abdecken und auf gutem Feuer leicht rösten. Die Hitze bringt den Wassergehalt der Eichel zum Verdampfen. Der Eichelkern dehnt sich aus und sprengt dabei die äußere harte Schale: die Eicheln platzen und die Schalen lassen sich jetzt entfernen. Dann die innere dünne braune Haut abziehen, die Eicheln mehrmals wässern, trocknen und dann in der Kaffeemühle zu Mehl mahlen.*

Die Prozedur dauerte lange und erforderte viel Achtsamkeit. Außerdem stellte das Institut für Ernährung und Verpflegungswissenschaft 1946 fest, daß die Bedeutung von Eichelmehl hinsichtlich seines Nährwerts als sehr gering einzuschätzen ist.

Falsche Schokoladensuppe

3 Eßl. Maismehl
1/2 l Wasser
Zucker oder Süßstoff
Zimtersatz

→ **Das Maismehl trocken in einer Pfanne rösten, aber nicht zu dunkel werden lassen, weil das Mehl sonst bitter schmeckt. Auskühlen lassen. Drei Eßlöffel Wasser mit dem gerösteten Mehl vermischen und glatt rühren. Restliches Wasser aufkochen und das angerührte Maismehl durch ein grobes Sieb einlaufen lassen. Aufkochen und fünf Minuten ausquellen lassen. Mit Zucker oder Süßstoff und Zimtersatz abschmecken. Nimmt man weniger Wasser, ergibt es einen festen Schokoladenpudding.**

Donau-Kurier, 10.10.1947

Anzeige

Roßkastanien: Aufkäufer u. größere Posten gesucht. Zur Förderung der Sammelfreudigkeit werden Sachprämien gewährt. M.E. Gottlieb, Heidelberg, Postfach 472

Eichel-Nougat

2 Eßl. Zucker **hell bräunen,**
darin
4 Eßl. Eichelmehl **durchrösten,**
4 Eßl. Grieß **einschütten.**
In
8 Eßl. Kaffee
2 Tabl. Süßstoff
→ aufgelöst **langsam einrühren u.**
unter ständ. Rühren **kochen**
bis sich die Masse gebunden vom Topfboden löst!
Danach erst
Mandelaroma **hineingeben.**
Aus der Masse
Kugeln **formen, trocknen lassen.**

Abwandlung zur Nougat-Füllung
Zum Auflösen
statt 8 Eßl. Kaffee
¼ l Kaffee nehmen.

Für kleine Gebäckstückchen, Teigrollen, Striezel u. ä. geeignet.

Mandelersatz aus Eicheln

→ Eicheln von der Schale befreien, vierteln und in einem Topf mit Wasser aufkochen lassen. Wasser erneuern, wieder mit den Eicheln aufkochen und abgießen. Den Vorgang öfter wiederholen, bis der Bitterstoff ausgekocht ist. An der Luft trocknen lassen und wie echte Mandeln zu Kuchen verwenden.

Bratlinge mit Eichelmehl

100 g Fleisch
200 g Pellkartoffeln
150 g Eichelmehl
1 Zwiebel
Bratfett

→ Die geschälten Kartoffeln werden zerdrückt, mit dem Eichelmehl und mit dem gehackten rohen oder gekochten Fleisch sowie mit Zwiebel und Salz zu einem festen Teig verarbeitet. Mit nassen Händen formt man Bratlinge und brät sie mit wenig Fett in stark erhitzter Pfanne. An Stelle von Fleisch kann man auch Wurst, Fisch, Hering oder Pilze verwenden.

Brotaufstrich

Wer zur Schule oder in die Fabrik ging, mußte für die Pause ein oder zwei Scheiben Brot mitnehmen. Zwar soll „trocknes Brot die Wangen röten", aber wenn Fett, Käse oder Wurst fehlten, mußte die Hausfrau aus dem wenigen, was auf Marken geliefert wurde, Brotaufstriche zaubern. Aber noch heute erinnern sich viele Menschen, die die mageren Jahre als Kinder erlebt haben, daß die Brotaufstriche „eigentlich ganz gut geschmeckt haben".

Flohfett

Bei uns wohnte eine Flüchtlingsfamilie aus Schlesien, die manchmal von einem befreundeten Fleischer ein wenig Schweinefleisch erhielt.
Die Hausfrau zauberte dann einen leckeren Brotaufstrich, der, allerdings sehr dünn aufgestrichen, sehr lange reichte. Wir Kinder nannten ihn „Flohfett", man kannte es auch unter der Bezeichnung „Quirlfett".

(Hannelore K., München)

Häckerle

50 g Hering
50 g Gewürzgurke
1 Eßl. Speiseöl
1 Ei

→ **Das hartgekochte Ei, Gurke und Hering sehr klein würfeln und mit dem Öl vermischen. An Stelle der Gurke können auch Kürbis, Rote Rüben oder Tomaten verwendet werden.**

Quirlfett

250 g fetter Schweinebauch
2 alte Brötchen oder 3 Scheiben Brot
2 große Zwiebeln
1 Teel. Majoran
etwas Beifuß und Basilikum
Salz

→ **Schweinebauch mit wenig Wasser weich dünsten und mit Brot und Zwiebeln durch den Fleischwolf drehen. Die Masse mit den Gewürzen und etwas Brühe in eine Pfanne geben und unter häufigem Wenden gut durchkochen, in eine Porzellanschüssel geben und als Brotaufstrich oder zu Kartoffeln reichen.**

Brotaufstrich nach Grützwurstart

1 Tasse Grütze
3 Tassen Wasser
1 Teel. Fett
50–100 g Blutwurst
Salz
Majoran
Thymian

➔ **Die Grütze in 1 1/2 Tassen Wasser einrühren und 1 Stunde zum Vorquellen stehen lassen. Das restliche Wasser erhitzen, die Grütze einrühren und bei mäßiger Hitze garen. Die enthäutete Blutwurst in Fett anbraten, Grütze und Blutwurst mischen und mit den Gewürzen kräftig abschmecken. Alles gut durchrühren. Das Gericht eignet sich auch als Zugabe zu Pellkartoffeln oder – verdünnt mit etwas Fertigbrühe – als Soße.**

Kartoffelkäse

750 g tags zuvor gekochte Kartoffeln
1/4 l Magermilch
1 Zwiebel
Salz
Kümmel
1 Prise Paprikaersatz

➔ **Die geriebenen Kartoffeln mit Milch, Salz und Kümmel vermengen und gut durchrühren. Die Masse in eine Schüssel geben, mit einem Tuch zubinden und acht Tage an einem warmen Ort stehenlassen. Während der ersten drei Tage täglich einmal umrühren. Nach acht Tagen die Zwiebel darunter reiben, Paprika zugeben und abschmecken.**

Falsche Leberwurst

➔ **Zwiebeln in etwas Wasser dünsten, einige Eßlöffel Semmelmehl oder geriebenes Schwarzbrot zugeben und alles durchkochen lassen. Nach dem Erkalten Hefepulver, Majoran, Thymian und etwas Würzpulver „Wurstgeschmack" zugeben.**

Kartoffelaufstrich

4 kalte gekochte Kartoffeln
Salz
Paprika
gebräunte Zwiebeln
Senf
etwas Wasser oder Milch

➔ **Kalte Kartoffeln reiben oder frisch gekochte Kartoffeln durch die Kartoffelpresse drücken. Mit den anderen Zutaten gut vermischen. Es muß eine streichfähige Masse entstehen. Milch verfeinert den Aufstrich.**

Falsches Schmalz

➔ **Kleingeschnittene Zwiebeln in wenig Wasser kochen lassen, zwei Eßlöffel Grieß dazugeben und alles gut durchkochen. Mit Salz, Pfefferersatz und Majoran würzen. Der Brotaufstrich wird schmackhafter und vitaminreicher, wenn zwei Teelöffel Hefeflocken zugesetzt werden.**

Falscher Lachs

- **Möhren schaben und sehr fein reiben. Mit geriebener Zwiebel, Salz, Pfeffer, Petersilie und einigen Tropfen Öl mischen.**

Kochkäse

- **Sehr trockenen Vollmilchquark mit etwas Natron versetzen und warm stellen, bis er nach 5–8 Tagen „reif" ist. Er muß jeden Tag einmal tüchtig durchgeknetet werden, das beschleunigt die gleichmäßige und völlige Reifung. Danach gibt man noch etwas Milch, ein Stückchen Butter, Salz, Kümmel und Paprika dazu. Man schlägt die Masse so lange über dem Feuer, bis sie glatt und sämig ist.**

Fürstenbrotaufstrich

10 g Fett
30 g Mehl
1 Tasse Milch
5 g Hefe
Salz, Zwiebel, Suppenwürze, Essig und Zucker zum Abschmecken

- **Fett erhitzen und das Mehl darin hellbraun rösten. Die Hefe in angewärmter Milch auflösen und alles gut durchkochen lassen. Mit Salz, geriebener Zwiebel, Suppenwürze und einer Spur Essig und Zucker würzen. Mit diesem Aufstrich Brote bestreichen und wahlweise mit Gurke oder Tomate belegen, salzen und mit Schnittlauch bestreuen.**

Opas Kochkäse

Mein Großvater, er starb 1995, stellte jede Woche seinen Kochkäse selbst her. Obwohl wir bereits jede Käsesorte im Supermarkt kaufen konnten, beharrte er auf seinem Spezial-Rezept. Der Geruch war nicht angenehm, aber dieser Käse schmeckte, auf ein Schmalzbrot gestrichen, köstlich.

(Karin Möller, München)

Falsches Pflaumenmus

➜ **1/3 Pflaumen, 1/3 Möhren, 1/3 überreife Gurken werden zerkleinert und weichgekocht. Die Masse schmeckt wie Pflaumenmus, muß aber bald verzehrt werden, weil sie sich nicht hält.**

Gestreckte Marmelade

1-2 Eßl. Marmelade
1/2 l Wasser
1 Prise Salz
3 Eßl. Zucker
4 Eßl. Hafermehl

➜ **Wasser mit Salz und Zucker aufkochen und das Hafermehl einrühren. Etwa 15 Minuten ausquellen lassen. Dann noch einmal aufkochen und die Marmelade zugeben, alles gut durchrühren. Der süße Brotaufstrich sollte bald verbraucht werden.**

Falscher Honig

1/2 l Buttermilch
250 g Zucker
drei Tropfen Zitronen- und
drei Tropfen Vanille-Aroma
zwei geriebene Äpfel

➜ **Buttermilch mit Zucker und den Aromastoffen in einem Topf zum Kochen bringen. Unter ständigem Rühren etwa eine halbe Stunde kochen lassen, bis die Masse dicklich wird. Die geriebenen Äpfel zugeben und noch einmal aufkochen lassen. Dann kaltstellen.**

Erbsen für Kriegsgefangene in Frankreich

Deutsche Soldaten, die in Frankreich in Gefangenschaft geraten waren, litten besonders große Not. 200.000 Gefangene, die im Sommer 1945 in Lagern vegetierten, waren nahe am Verhungern. Hilfe kam aus amerikanischen Lebensmittelspenden, und das Rote Kreuz kaufte Lebensmittel aus Schweden auf. So konnten 100.000 kg Erbsen, 100.000 kg Trockenmilch und 10.000 Dosen Fischkonserven in die Gefangenenlager geschafft werden.

(Fünf Jahre Rotkreuzarbeit)

Bohnen knabbern gegen Hunger

Die aus unserem Garten geernteten Saubohnen waren so hart, daß sie auch nach stundenlangem Kochen noch wie Leder schmeckten. Gegen den ärgsten Hunger hatten wir Kinder ein Rezept: Wir kauten und lutschten so lange auf einer trockenen Bohne herum, bis sie sich auflöste. Das dauerte manchmal eine ganze Stunde, und man spürte den Hunger nicht so.

(Herbert K., Starnberg)

Amtsblatt Wolfratshausen, 10.1.1948

Erbsen abliefern

Speise-Erbsen und -Bohnen unterliegen gleichfalls der restlosen Ablieferungspflicht. Die für Saatzwecke benötigte Menge darf zurückbehalten werden sowie für den eigenen Bedarf je Person der Selbstversorgergemeinschaft bis zu 15 kg Erbsen oder Bohnen. Speise-Erbsen und -Bohnen dürfen nicht verfüttert werden.

Gold und Silber mit Speck

30 g Speck
50 g Bohnen
240 g Möhren
10 g Mehl
Salz, Pfeffer, Essig, Bohnenkraut

→ **Bohnen über Nacht einweichen, mit den gewürfelten Möhren garen, mit Mehl binden und kräftig mit den Gewürzen abschmecken. Den Speck würfeln, ausbraten und zum Schluß über das Gericht geben. Zu Salzkartoffeln ein sehr sättigendes Mittagessen!**

Weiße Bohnen

50 g weiße Bohnen
1/4 l Wasser
Bohnenkraut
1 Eßl. Mehl
etwas Essig oder Molke
1 Zwiebel
1 Eßl. Fett
Petersilie

→ **Weiße Bohnen einweichen und am nächsten Tag mit dem Einweichwasser vorquellen, Bohnenkraut zugeben und in der Kochkiste garen. Mehl und Fett in einer Pfanne bräunen, die gewürfelte Zwiebel dazugeben, mit Essig oder Molke ablöschen und die Masse an die Bohnensuppe geben. Mit Petersilie überstreuen.**

Kartoffelklöße ohne Ei

1 1/2 kg Pellkartoffeln vom Vortag
200 g Mehl
Salz
1/4 l heiße Magermilch

→ **Abgezogene Kartoffeln reiben und mit Mehl und Salz zu einem krümeligen Teig verarbeiten. Die kochende Milch in die Mitte des Teiges gießen und alles schnell zu einem glatten Teig verarbeiten. Klöße formen und in kochendem Salzwasser garen.**

Knödel und Karl Valentin

Unsere Ernährung war insofern etwas besser, weil wir manchmal altes Brot oder Semmeln aus dem Krankenhaus erhielten, wo mein Vater als Koch arbeitete. Meine Mutter bereitete dann Semmelknödel und lud dazu meinen Onkel, der immer sehr hungrig war, ein. Er war früher beim Rundfunk in Berlin beschäftigt und erhielt sehr geringe Rationen, mit denen er nie auskam. Unsere Tischrunde unterhielt er immer mit einer Geschichte, in der es darum ging, ob es „Semmelknödel" oder „Semmelknödeln" heißt. Wir Kinder verfolgten das mit großem Spaß und merkten gar nicht, daß mein Onkel während des Erzählens immer kräftig zugriff. Später habe ich mal im Radio eine Sendung über Karl Valentin aus München gehört, in dem der Komiker sich um die Schreibweise der Semmelknödel Gedanken machte.

(Erika Kelm, Berlin, früher Godesberg)

Als Fleischersatz kamen „Bratlinge" in Mode. Man nannte sie auch Westwallfrikadellen, Leuna- oder Bunabouletten, weil auch die chemische Industrie derartige Fertigmischungen anbot.

Pfannkuchen - zeitgemäß

Teig aus Kartoffeln, Mehl, Salz und Zucker rote. etwas Hefe dazu tun wie zu Hefeklößen diese können zuerst als Klöße gekocht und dann ohne Fett aufgebraten werden, oder man brät sie direkt auf einer nur leicht eingefetteten Pfanne auf beiden Seiten, nachdem man mit Kuchenspritze die Pfannkuchen mit Marmelade oder Kaffeecreme gefüllt hat. Danach kann man sie auch noch mit einer Creme oder Zuckerguß überziehen.

Amtsblatt Wolfratshausen, 6.3.1948

Datteln statt Nudeln

In der 112. und 113. Zuteilungsdekade werden voraussichtlich Datteln anstelle von Nährmitteln aufgerufen.

Bratlinge als Frikadellenersatz

➔ **Geschrotete Linsen oder Schrot von Grünkern oder Buchweizen in Salzwasser kochen und ausquellen lassen. Die Masse mit reichlich Zwiebeln, Pilzscheiben, Gewürzen, Kräutern und – wenn vorhanden – mit einem Ei vermengen, flache Bratlinge formen und in Öl oder Schmalz braten.**

Hefeplinsen (Sparrezept)

500 g Mehl
30 g Hefe
3/4 l Wasser oder Magermilch
1 Eßl. Öl
1 Teel. Salz
1/2 Zwiebel
Zucker zum Bestreuen
eingemachte Früchte

➔ **Das gesiebte Mehl mit der Flüssigkeit, der aufgelösten Hefe und dem Salz zu einem glatten Teig verkneten. Den Teig eine Stunde gehen lassen und dann noch einmal gut durchkneten. Die Zwiebel in das Öl tauchen und damit die Pfanne einreiben. Kleine Plinsen oder Fladen formen und von beiden Seiten braten. Mit Zucker bestreuen oder mit Früchten belegen.**

Semmelknödel

9 altbackene Semmeln
2 gehäufte Eßl. Eipulver
15 g geriebene Semmeln
Salz
Muskatersatz
Petersilie
etwas Milch oder Milchpulver

➔ **Semmeln in dünne Streifen schneiden, in eine Schüssel legen und mit etwas Milch (oder aufgelöstem Milchpulver) anweichen lassen. Eipulver und die übrigen Zutaten hinzugeben. Das Ganze leicht verarbeiten, zu gleich großen Knödeln formen und in Salzwasser garen.**

Kartoffeln

Keine Säcke

Die Kartoffelernte im Herbst 1945 war eine wichtige Voraussetzung für die Ernährung der Stadtbevölkerung. Ein großes, kaum zu lösendes Problem für die Behörden: Es gab nicht genügend Säcke, um die Knollen vom Feld zum Verbraucher zu transportieren.

Weniger Kartoffeln

Die Kartoffelernte im Spätherbst 1946 war geringer ausgefallen als erwartet. München mußte mit einem Ertragsrückgang von 25 % auskommen. Im November 1947 konnte in Nürnberg pro Kopf sogar nur ein Zentner Kartoffeln als Einlieferung für den Winter garantiert werden.

Saatkartoffeln gegen Hunger

Im Landkreis Alzenau (Aschaffenburg) führte der Hunger verschiedentlich zu Verzweiflungstaten: Nachts wurden frisch gelegte Saatkartoffeln ausgegraben.

(Stadtmüller, Aschaffenburg)

Kartoffeln statt Blumen

Die „Nürnberger Nachrichten" richteten am 4.1.1945 eine Bitte an die Leser: „Blumen erfreuen des Menschen Herz, aber Kartoffeln stillen den Hunger." Damit sollte für den Anbau von sättigenden Hackfrüchten anstelle von Goldlack und Astern in den Gärten geworben werden.

Amtsblatt Wolfratshausen, 8.3.1947

Nicht ohne Kartoffelmarken

Sämtliche Gaststätten des Landkreises Wolfratshausen werden hiermit noch einmal darauf aufmerksam gemacht, daß eine Essensabgabe ohne Kartoffelmarken verboten ist.

Schusterflecken

Pellkartoffeln mit Zwiebeln

Im Herbst 1946 überraschte uns ein bis dahin unbekannter Onkel mit zwei Säcken Kartoffeln und einer großen Tasche Zwiebeln. Unsere Familie bestand aus 11 Personen, und wir beschlossen, uns durch diesen Glücksumstand endlich einmal richtig satt zu essen. Eine Woche lang gab es abends Pellkartoffeln mit Zwiebeln. Jeder konnte so viel essen, wie er schaffte.

(Helga Sch., Amberg)

600 Mark für einen Zentner Kartoffeln

Der Kartoffelschmuggel nahm 1947 erhebliche Ausmaße an. Männer, die in Bayern für 5 Mark einen Zentner Kartoffeln aufkauften, konnten diesen für 600 Mark im Rheinland losschlagen. Lediglich beim Transport mußte so manche Klippe umschifft werden. Gab es Zugausfälle, türmten sich z.B. auf dem Augsburger Bahnhof 300 bis 400 prallgefüllte Kartoffelsäcke. Die Personenzüge, schon immer überfüllt, nahmen dann viele Säcke und wenig Passanten mit. Bahnpolizei und Militärregierung griffen zu Beschlagnahmungen, aber am nächsten Tag waren die Kartoffelschmuggler wieder da.

(Donau-Kurier, 28.5.1947)

Mißernte durch Trockenheit

Der Nürnberger Stadtrat Glatthaar berichtete im August 1947, daß die anhaltende Trockenheit eine Mißernte bei Gemüse und Frühkartoffeln verursacht habe. Nordbayern sei als eines der schlimmsten Notstandsgebiete Deutschlands anzusehen.

Kein besseres Essen, aber Salat mit Besteck

Aus den Protokollen des Gesamtbetriebsrates der Nürnberger Siemens-Werke lassen sich die Sorgen und Nöte der Beschäftigten in den Jahren 1946 bis 1950 herauslesen. Schlechte und mangelhafte Verpflegung führten zu heftigen Klagen.
Aus dem Protokoll vom 24. November 1948:
„Die Kollegen Z. und H. waren auf Grund verschiedener Anregungen in der Küche und erhielten dort nach erschöpfender Behandlung der Frage die Auskunft, daß auch bei einer für die Arbeiterschaft tragbaren Erhöhung der Markenabgabe und des Preises die Qualität und Quantität des Essens nicht zu verbessern sei. Kollege M. regt an, daß der grüne Salat in Zukunft nicht mehr mit bloßen Händen, sondern mit einem Besteck ausgegeben werden soll."

(Trümmerjahre, 1985)

Kartoffeln gegen Fleischmaschine

Ein Viehhändler wurde im Januar 1948 in Bayern festgenommen. Er wollte 180 Zentner Kartoffeln unerlaubt in das Rheinland bringen, um sie dort gegen Fleischverarbeitungsmaschinen einzutauschen.

(Boelcke, Schwarz-Markt)

Kartoffeln als Artistengepäck

Die Bahnpolizei in München kontrollierte einen Waggon, der Artistengepäck in Richtung Düsseldorf enthalten sollte, in dem jedoch 30 Zentner Kartoffeln lagerten.

(Boelcke, Schwarz-Markt)

Kartoffel-Seufzer

„Ich stütze meine Arme
auf den Spaten,
verdammt – das Bücken fällt
beim Buddeln schwer.
Die Pellkartoffeln sind
famos geraten.
Nun noch der Hering! – Herz,
was willst Du mehr!"

Kartoffelwahrheiten

„Wer Kartoffeln ißt,
wird eher satt,
als wer Braten
essen sieht!"

„Morgens geschält,
mittags gestampft
und abends in der
Montur (Schale)."

Knäckebrot aus rohen Kartoffelschalen

250 g Kartoffelschalen
125 g dunkles Mehl
Salz
Kümmel

→ **Die Schalen gut waschen und die Augen ausstechen. In reichlich Wasser mindestens 10 Minuten kochen lassen. Abgießen, gut abdämpfen und durch den Wolf drehen oder fein hacken. Das Mehl unterkneten, würzen und den Teig dünn ausrollen, in Vierecke schneiden und auf dem Backblech bei guter Mittelhitze knusprig backen.**

Kartoffelpfannkuchen aus Trockenkartoffeln

→ **Kartoffeln 20 Minuten einweichen und dann ungekocht durch den Fleischwolf drehen. Den festen Teig mit Salz und geriebener Zwiebel würzen und – wie aus frischen Kartoffeln – löffelweise in eine mit Fett ausgestrichene Pfanne geben und von beiden Seiten goldbraun backen. Mit Zucker und Zimtersatz bestreuen. Apfelkompott schmeckt gut dazu.**

Verwendung verschrumpelter Kartoffeln im Frühjahr
Kartoffeln 24 Stunden in kaltes Wasser legen. Dünn schälen und zu Salzkartoffeln verarbeiten. Um den lange lagernden Kartoffeln den dumpfen Kellergeruch und -geschmack zu nehmen, fügt man dem Kochwasser etwas Kümmel oder Essig hinzu.

Erfrorene, glasige Kartoffeln verwenden
Erfrorene Kartoffeln in kaltes Wasser, dem einige Löffel Essig zugesetzt wurden, legen und in einem kühlen, frostfreien Raum 24 Stunden auftauen lassen. Aufgetaute Kartoffeln sofort verbrauchen und für kräftig gewürzte Kartoffelspeisen verwenden, z. B. Senfkartoffeln.

Schnaps gebrannt
In dem kalten Winter 1946/47 sind auf dem Lande viele Zentner Kartoffeln erfroren. Weil man die süßlich und fade schmeckenden Kartoffeln nicht essen mochte, wurde Schnaps daraus gebrannt.

Kartoffelnudeln mit Sirupsoße

1 1/2 kg vom Vortag gekochte geriebene Kartoffeln
2 Eßl. Mehl
Salz
Marmelade oder Sirup

✈ **Die am Tage zuvor gekochten Kartoffeln werden gerieben, mit einer Prise Salz und, je nach dem Mehlgehalt der Kartoffeln, mit etwas Mehl locker gemischt, sodann mit der Hand – langsam den Druck steigernd – weich geknetet und zu kleinen Rollen (zweifingerdick und fingerlang) geformt. Diese werden mit etwas Mehl bestäubt und sofort vorsichtig in kochendes Wasser gelegt. Der zugedeckte Topf wird vom Feuer genommen. Man läßt die Nudeln darin 5 Minuten ziehen, hebt sie dann vorsichtig heraus, legt sie auf Teller und gießt verdünnte Marmelade oder Sirup darüber. Auch als Beilage zu Gemüse sättigen die Nudeln gut. Die Rollen müssen unmittelbar vor dem Kochen zubereitet werden, da sie sonst die Bindung verlieren und nicht zusammenhalten.**

Kartoffeln in Senfsoße

✈ **Aus Fett und Mehl eine dicke Einbrenn-Soße herstellen, kräftig mit Senf würzen und die gekochten Kartoffelstückchen hineingeben. Etwas gehackte Petersilie oder einige Stückchen saure Gurke zugeben.**

Kartoffelgulasch

✈ **Zwei große Zwiebeln werden in etwas Fett oder Öl hellbraun geröstet, mit Paprika (Ersatz) bestreut und noch eine Minute gebraten. Milch oder Wasser aufgießen, mit etwas kalt angequirltem Mehl und Salz mischen. In diese Tunke gekochte, in Scheiben geschnittene Kartoffeln geben und alles gut durchziehen lassen.**

Sparsame Bratkartoffeln

1 kg Kartoffeln
1 Eßl. Öl
Wasser
Salz
Kümmel (nach Belieben)

✈ **Öl heiß werden lassen, darauf die gekochten, geschnittenen Kartoffeln geben, die man mit Salz und Kümmel gemischt hat. Man läßt die Kartoffeln etwas anbacken, ohne sie zu wenden (Vorsicht, nicht anbrennen lassen). Dann schüttet man an der Seite so viel Wasser zu, daß es auf der Oberfläche sichtbar wird, und deckt sie zu. Die Flüssigkeit läßt man bei schwachem Feuer verdunsten und bringt sie dann zu Tisch. Die Kartoffeln sind sehr saftig und gut, trotz sparsamstem Fettverbrauch.**

Salatgemüse aus ausgewachsenem Salat

→ Die gut gewaschenen Salatblätter in feine Streifen schneiden und in etwas Fett andünsten. Gekochte geriebene Kartoffeln zugeben. Man verdünnt mit etwas Wasser, besser natürlich mit Metzgersuppe, und läßt alles kurz aufkochen. Mit Salz, Pfefferersatz und Maggiwürze abschmecken. – Früher verfeinerte man Gemüsegerichte mit Muskat.

Sauerkrautsalat

→ Sauerkraut sehr fein schneiden und mit geriebener Zwiebel, Pfefferersatz und etwas Süßstoff vermengen. Äpfel mit Schale in kleine Würfel schneiden und zugeben. Soll der Salat als sättigendes Gericht gegeben werden, können einige gekochte, gewürfelte Pellkartoffeln untergemischt werden. Wenn vorhanden, mit etwas Magermilch verfeinern.

Kein Spargel

Tagebucheintrag Ernst Jünger, Kirchhorst, 6.12.1945:
Fahrt nach Burgdorf zum Zahnarzt. (...) Dort las ich unter den Maueranschlägen eine Verordnung über die Einebnung der Spargelfelder und Verbote der Anlage von Obstgärten. Der Deutsche wird auf Kartoffeldiät gesetzt, so wie der Ire in Englands bester Zeit.

(Jünger, Jahre der Okkupation)

Steckrüben und Kohlrüben

Steckrübenpfanneküchelchen

Für 50 RM bekam ich ein Fläschchen mit einem halben Liter Leinöl. Das war ein besonderer Schatz in unserem Haushalt. Jetzt konnten wir ab und zu etwas in der Pfanne backen. Aber was? Immer zur Hand waren Steckrüben. Wir hatten auch noch etwas Kleie vom Opa geschenkt bekommen. Der kam früher durch seinen Beruf über Land und hatte dort Kleie ergattert. Backpulver konnte man kaufen. Also wurden die Steckrüben gekocht, durch den Fleischwolf gedreht, das Mus mit Kleie vermischt, etwas Backpulver rein und das Ganze in die mit Leinöl ausgeschmierte Sparpfanne gegeben! Die ganze Wohnung war erfüllt vom „Duft" des Leinöls, so als ob die Anstreicher da wären. Aber wir hatten eine neue leckere Speise erfunden: „Steckrübenpfanneküchelchen".

(Erinnerte Geschichte)

Steckrüben mit Zimt

Ich erinnere mich auch noch an die Zeiten, als wir als besondere Köstlichkeit eine Scheibe Brot mit einer geraspelten Steckrübe belegten und diesen Brotaufstrich mit Zimtersatz verfeinerten.

(Helga Sch., Bamberg)

Kürbis

Kürbissuppe

250 g Kürbis
1 1/2 l Wasser
100 g Grieß oder Grütze
Zucker
Zitronen- oder Zimtaroma
Salz
Kräuter

→ **Den Kürbis schälen, in Würfel schneiden und in Wasser garen. Danach feinhacken oder durch den Fleischwolf drehen. Grieß oder Grütze im Kochwasser ausquellen lassen und die Kürbismasse wieder dazugeben. Je nachdem, ob die Suppe süß oder salzig gewünscht wird, mit Zucker, Zitronen- oder Zimtaroma oder Salz und Kräutern abschmecken. Salzige Kürbissuppe kann auch mit gebratenen Zwiebelringen serviert werden.**

Kürbis-Rohkost

250 g Kürbis
3 Äpfel
1 Eßl. Zucker
1 Tasse Molke oder Apfelsaft
1 Tasse grobe Haferflocken
Nüsse oder Kerne

→ **Kürbis und Äpfel auf der Rohkostreibe fein reiben und mit den übrigen Zutaten vermengen. Die Masse ein bis zwei Stunden quellen lassen. Die Speise in Portionsschälchen füllen und mit geriebenen Nüssen oder gerösteten Kürbiskernen verzieren.**

Steckrüben-Pastete

250 g Mehl
25 g Hefe
1/8 l Magermilch
Salz
1 1/2 kg Steckrüben
20 g Fett
20 g Mehl
Salz
Kräuter

→ **Man stellt einen Hefeteig her, läßt ihn gut gehen, rollt ihn aus und belegt mit 2/3 des Teiges eine gefettete Auflaufform. Dann gibt man das mit Mehl gebundene, gut abgeschmeckte Steckrübengemüse hinein und deckt es mit der restlichen Teigplatte ab. Mit einer Gabel einige Löcher in die Teigplatte stechen und die Pastete bei guter Mittelhitze etwa 25 Minuten backen.**

Kürbis, ungarisch

→ **Fett und Zwiebel rösten, gehobelten Kürbis zugeben, reichlich Paprika, etwas Kümmel und Salz zugeben und mit etwas Mehl binden. 15 Minuten kochen lassen und mit Dill bestreut zu Tisch geben. Das Gericht eignet sich gut zu Semmel- oder Kartoffelknödeln.**

Werbung für Wildgemüse

Wildgemüse wird noch immer zu Unrecht abwertend als Gras oder Viehfutter bezeichnet. Das ist sehr ungerecht, denn die wild lebenden eßbaren Pflanzen sind für unsere Ernährung sehr wichtig. Wildgemüse sammeln wir im Frühjahr, wo die Erde ausgeruht ist. Die Sonne steuert die Bildung der Vitamine bei und so bietet das Wildgemüse in reicher Fülle alle jene Stoffe, die der durch die spätwinterliche Nahrung danach ausgehungerte Organismus gierig in sich aufnimmt.

(Borutta, Gute Kost)

Adlerfarn als Gemüse

Solange die jungen Triebe des Adlerfarns noch eingerollt sind, lassen sie sich wie zarter Spargel zubereiten.

Wilder Hopfen

Er durchzieht mit seinen bis zu fünf Meter langen Girlanden oft das Unterholz unserer Laubwälder. Die zarten weichen Schößlinge geben ein leckeres, spargelähnliches Gericht.

Wegwarte als Kaffee-Ersatz

Wurzeln der Wegwarte in Würfel schneiden, trocknen lassen, dann rösten. In der Kaffeemühle gemahlen, ergeben die Würfel einen wohlschmeckenden Kaffee-Ersatz, früher auch als „Zichorie" bekannt.

Gemüseravioli

➔ Verschiedene Wildgemüse wie Huflattich, Sauerampfer, Melde oder Wegwarte gut waschen, zerkleinern und weichdünsten. Einen sehr festen Kartoffel-Mehlteig herstellen, auswellen und kleine runde Scheiben ausstechen und mit einem Klecks Wildgemüse belegen. Eine Hälfte umklappen und die Ränder gut festdrücken. Vorsichtig in kochendes Salzwasser legen und ca. fünf Minuten kochen lassen.

Suppe aus Vogelmiere und Brennesseln

➔ Junge Vogelmiere und zarte Nesselblätter waschen, etwas zerkleinern und mit Zwiebeln und einigen Tropfen Öl dünsten. Einige gekochte Kartoffeln reiben, Kochwasser und Gemüse zugeben. Mit Majoran und einem Spritzer Essig würzen.

Kartoffelgulasch mit Huflattich

➔ Die Blätter sehr klein schneiden, mit klein gewürfelten Kartoffeln mischen und in wenig Salzwasser garen. Wenn vorhanden, bei Tisch etwas gebräunte Zwiebel und einige Speckwürfel darüber geben.

Eierkuchen mit Breitwegerich

➔ Breitwegerich waschen, flach auf ein Brett legen und mit etwas Zucker und Zimtersatz bestreuen. Eine halbe Stunde liegenlassen, dann in Eierkuchenteig tauchen und in wenig Fett braten.

Sauerampfer-Gemüse

➔ Junge Sauerampferblätter waschen und überbrühen. Sehr klein schneiden und mit einer in Fett gerösteten Zwiebel dünsten. Der Geschmack wird durch Zugabe von etwas Molke, Rahm oder Butter verbessert.

Kohlrollen mit Pilzen

✈ Aus frischen, gehackten Pilzen, eingeweichtem Weißbrot oder Semmelmehl, angerösteter Zwiebel, reichlich gehackter Petersilie und Salz eine Füllung bereiten und in überbrühte Kohlblätter füllen. Die Kohlrollen in eine Kasserolle legen und bei geringer Hitze in wenig Brühe schmoren.

Pilzsalat

✈ Dieses Gericht ist wenig bekannt, aber sehr wohlschmeckend. Man verwendet dafür am besten kleine Eierschwammerln (Pfifferlinge). Die kleinen läßt man ganz, größere zerschneiden, gut waschen und mit Zwiebeln und Fett fünf Minuten dünsten. Mit Salz, Pfefferersatz und einem Spritzer Essig abschmecken und kalt servieren.

Pilzpulver

✈ Getrocknete Pilze können zu Pilzpulver verarbeitet werden. Dazu die knochentrockenen Pilze mit den Händen zerreiben oder im Mörser zerstampfen. In gut verschließbaren Gläsern aufbewahren. Zum Verzehr jeweils kleinste Mengen in heißem Wasser auflösen und den Gerichten beigeben. Pilzpulver als Extrakt sparsam verwenden. 50 Gramm Pilzpulver entsprechen ca. 500 Gramm Frischpilzen.

Fleisch

Fleisch war in den Großstädten jahrelang äußerst knapp. Auf Fleischmarken kamen als Austauschprodukte häufig Käse, Quark, Eier oder Fisch in den Handel.

Die Viehbestände mußten erst wieder aufgebaut werden, es fehlte an Futter, diebessicheren Ställen und an erfahrenen Arbeitskräften. Sehr häufig verdarb das Fleisch auf dem Wege vom Erzeuger zum Verbraucher, wenn die Züge tagelang auf freier Strecke halten mußten, weil Kohlen fehlten oder Reparaturen an Gleisanlagen oder Brücken notwendig wurden. Transporte mit Lastwagen blieben wegen Treibstoffmangel oder defekten Motoren liegen. Es fehlten auch Kühlhäuser und Einrichtungen zum Räuchern oder zur Konservenherstellung. Durch Viehdiebstähle, Raub in Lagerhallen, bei Metzgern und auf Transporten gingen ca. 30% der Fleischprodukte verloren.

Um zu einem Stückchen Fleisch zu kommen, wurden die hungrigen Bewohner, besonders der Großstädte, wieder zu Jägern und Fängern. In den Randgebieten der Städte wurden außer Wildkaninchen und Hasen auch Fasane, Rebhühner und Wildtauben gefangen – nicht geschossen, denn der Besitz und Gebrauch von Schußwaffen aller Art war nach Kriegsende verboten. Wie schon im Ersten Weltkrieg sind auch Hunde und Katzen auf durchaus erklärliche Weise verschwunden.
Bei den Metzgern waren besonders Schlachtnebenprodukte gefragt, die markenfrei abgegeben wurden, wie Blut, Knochen, Wurstbrühe, Abschöpffett und „Flomen". Markenreduziert konnten Fleischknochen, Rippchen und Innereien gekauft werden.

Selbst in ländlichen Gegenden mußten erhebliche Einschränkungen hingenommen werden. Nachkriegskochbücher enthielten unter der Rubrik „Schlachten für den ländlichen Haushalt" Sparrezepte wie:

Donau-Kurier, 4.1.1946
Schwarzer Stier

In Elbracht wurde von bisher unbekannten Tätern ein zweijähriger Stier schwarz geschlachtet. Nach Kenntnisnahme fuhren ein Bereitschaftswagen und die MP sofort zum Tatort. Das Fleisch und die Schlachtwerkzeuge wurden sichergestellt.

Donau-Kurier, 16.8.1947
Anzeige

Biete Heizkörper suche Fleischmaschine Zenta Wein.
Ingolstadt, Poppenstr. 2

Gestreckte Fleischpflanzerl

➔ **Mit zuviel Brot oder Kartoffeln gestreckt, schmecken Fleischpflanzerl (Frikadellen, Brisoletten oder auch Deutsches Beefsteak genannt) langweilig. Mischt man dagegen durchgedrehten roten Rübensalat bis zum Fleischgewicht darunter, so bleiben sie schön rot und geschmacklich befriedigend. Der Rübengeschmack tritt völlig zurück.**

Saure Nieren

400 g Nieren
60 g Fett
1 Zwiebel
2 Eßl. Mehl
Salz
etwas Essig
Wasser
evt. saure Milch oder Rahm

➔ **Nieren längs aufschneiden, alle Sehnen und Häute entfernen, mehrmals gründlich waschen und anschließend würfeln. Zwiebel in heißem Fett anbraten, die Nierenwürfel dazugeben und alles dünsten. Mehl überstreuen, etwas anbräunen lassen und mit Essig abschmecken. Zum Schluß Wasser und etwas saure Milch zugeben.**

- Mettwurst mit Kartoffelzusatz
- Kartoffelmettwurst mit Milchzusatz
- Möhrenmettwurst
- Leberwurst mit Semmelzusatz
- Blutwurst mit Semmelzusatz

Chaos im Tiergarten

Befreite Kriegsgefangene richteten gleich nach Kriegsende ein sinnloses Blutbad im Nürnberger Tiergarten an. 299 Tiere, zwei Drittel des Tierbestandes, wurden bestialisch getötet: Braunbären erdrosselte man mit Drahtschlingen, Zebras wurden mit Bohnenstangen gespeert, Löwen das Rückgrat gebrochen. Im Chaos der ersten Nachkriegstage blieb dieses Verbrechen weitgehend unbeachtet, erst später konnten Tierpfleger die Öffentlichkeit darüber informieren. Die Motive der Täter sind unklar.

Die Sonderausgabe „Trümmerzeit" der Nürnberger Nachrichten aus dem Jahr 1985 urteilt:

Die naheliegende Vermutung, (die Täter) hätten sich Nahrung beschaffen wollen, ist nicht richtig. Denn die Amerikaner sorgten dafür, daß die von ihnen befreiten Lagerinsassen zumindest ausreichend, wenn nicht sogar gut verpflegt wurden. (Ein Zoomitarbeiter) meint, daß einige Lust auf frisches Fleisch verspürten und andere damit in den Schwarzhandel einsteigen wollten. Aber bei den meisten scheint das Motiv darin zu bestehen, daß sie ihren aufgestauten Haß abzureagieren versuchten.

(Trümmerjahre, 1985)

Wildschwein und Schnaps

Tagebucheintrag Ernst Jünger, Kirchhorst, 19.2.1947:

Ich gehe bei klirrendem Frost in den Wald. Bei der Rückkehr begegne ich dem jungen Haustein, der winkt mich freudig hinein. Er hat im Moor ein Wildschwein geschossen. Auf dem Tisch prangt der Ziemer. Es ist ein Herrenessen, das zarte, vordere Rückstück eines Überläufers von knapp sechzig Pfund. Auch Brot und Butter sind vorzüglich, im Haus gemacht.

Auch der Schnaps ist im Hause gebraut, bei Mondschein in Benzinkanistern; die Rübenfasern schweben im grünlichen Saft. Es ist ein gefährlicher Stoff, von gärenden Erdkräften erfüllt. Der Ziemer verschwindet allmählich bei Jagd- und Moorgesprächen, auch die Flasche wird leer, und ein zweite erscheint auf dem Tisch. Haustein raucht selbstgebauten Tabak und beginnt zu singen, seine Frau setzt sich zu uns und begleitet ihn.

„Du kannst es nicht ahnen,
Du munteres Rehlein du,
Daß so ein Wilddieb
Dir stiehlt das Herze im Nu."

(Jünger, Jahre der Okkupation)

Freibankfleisch zur Theatereröffnung

Die Geschäftsführung des „Theaters in der Fischerei" in Bamberg bat anläßlich der Eröffnung um eine einmalige Lebensmittelzuteilung. Es wurde Freibankfleisch gegen Vorlage der entsprechenden Marken bewilligt.

(Bamberg 1945–1949)

Amtsblatt Ingolstadt, 7.7.1946

Gestreckte Wurst

Auf Fleischmarken konnten vom Handel „gestreckte Wurstwaren" angeboten werden, für die nur die Hälfte der Marken abgegeben werden mußten. Die Wurst sollte entsprechend deklariert werden wie:

Brühwürstchen mit Gemüsezusatz,
Leberwurst mit Kartoffelzusatz,
Fleischrotwurst mit Kartoffeln und
Jagdwurst mit Gemüsezusatz.

Amtsblatt Wolfratshausen, 22.12.1945

Anzeige

Schlachtpferde, auch Notschlachtungen, kauft fortwährend zu Tagespreisen Wernetshauser, Höhenrain Te. Wolfratshausen 296

Amtsblatt Wolfratshausen, 21.2.1948

Warnung

Das bayerische Staatsministerium des Inneren gibt am 15.1.1948 bekannt: Der Verkauf von Fleisch auf dem Schwarzen Markt nimmt in bedenklichem Umfang zu. Der Kauf derartigen Fleisches bringt jedoch den Käufern viele Gefahren, weil es sich hierbei fast ausschließlich um Fleisch verendeter oder durch den Fleischbeschauer nicht untersuchter Tiere handelt, das bei Genuß zu schwersten Gesundheitsstörungen und zum Tode führen kann.

Fleischküchle und Krautwickele

Hackbraten oder Fleischküchle bestanden aus viel Weißbrot, geriebenen, gekochten Kartoffeln und ganz wenig Fleisch. Beim „Krautwickele" wurde der Fleischanteil durch gehackte Weißkrautreste gestreckt. Das schmeckte prima, auch noch in besseren Zeiten.

(Anneliese Dupont, Nürnberg)

Erinnerungen an ein Schwarzschlachtfest

Durch einen Militärfreund meines Vaters hatten wir Verbindung zu dessen Bauernhof in Landshut, und von da aus wurde uns brieflich die „Geburt" eines kleinen „Suggls" (ein Ferkel) angekündigt. „... und a bißl a Mehl könnt ihr auch noch haben." Ein Nachbar erbot sich, den Transport des Ferkels per Rodelschlitten zu übernehmen. Es gelang.

Zu ihrer Babyzeit haben wir vier Kinder unsere „Suggl" immer mit Semmelbröckerl gefüttert, bis es dann langsam Fett angesetzt hatte. Da Schwarzschlachten mit hohen Strafen verbunden war, wurden alle Vorbereitungen vorsichtig und geheimnisvoll unternommen. Uns Kindern wurde eingebleut, ja niemandem etwas davon zu erzählen, besonders nicht in der Schule. Der Schlachttag bricht an. Der große Kessel in der Waschküche wurde geschürt, Messer gewetzt, Gefäße hergerichtet usw. Meine zwei jüngeren Brüder hat man mit Topfdeckeln vor den Stall geschickt, um zum richtigen Zeitpunkt mit ihrem Schlagkonzert zu beginnen, um eventuelle Laute aus dem Saustall zu übertönen. Mit einigen Schwierigkeiten gelang es schließlich, das Tier vom Leben zum Tode zu befördern. Jetzt begann eifriges ge-

meinsames Bearbeiten und Hinüberziehen der geschlachteten Teile in die Waschküche.
Das Kesselfleisch haben wir alle bei verschlossenen Türen lachend und fröhlich genossen!

(Kratz/Kummer, Rucksack)

Notschlachten wegen Futtermangel

Im August 1947 mußte wegen Futtermangels durch die anhaltende Trockenheit zehnmal so viel Vieh als in normalen Zeiten geschlachtet werden. In Nordbayern gingen davon 70–80 % nach Berlin und ins Ruhrgebiet. Der Milchrückgang betrug 25 %.

Schlechter Sauerbraten

Auf Fleischmarken gab es manchmal die doppelte Menge Pferdefleisch. Wir stellten uns schon im Morgengrauen beim Schlächter an. Als meine Mutter dann das Pferdefleisch als „Rheinischen Sauerbraten" zubereitet hatte, schmeckte das Fleisch doch sehr eigenartig. Obwohl wir sehr hungrig waren, ließen wir das Essen stehen. Vielleicht waren wir nicht mehr an Fleisch gewöhnt, oder das „Pferd" war wirklich ungenießbar.

(Helga Sch., Bamberg)

Fleisch für den Vater

Wenn wir mal zu einem Sonntagsessen bei meiner Oma eingeladen waren und es gab einen Braten, dann bekam mein Vater immer das größte Stück und wir Kinder nur

Kartoffeln mit Geflügel

✈ Geflügelreste vom Knochen lösen. In der Pfanne etwas Mehl rösten, eine Bratensoße herstellen und die Geflügelteile einlegen. Einen Kartoffelbrei herstellen und lagenweise Kartoffeln und Geflügelsoße einschichten und kurz im Ofen überbacken.

Münchner Kronfleisch

✈ Die „Kron" ist das längliche Zwerchfell des Rindes, das an Lunge und Herz hängt. Das Stück in sprudelndes Salzwasser geben, 15 bis 20 Minuten kochen lassen, erkaltet in Scheiben schneiden und in die Suppe geben.

Blut als Zuspeise

✈ Die gleiche Menge Blut und Milch mit Salz, Pfeffer und Majoran mischen und in der Pfanne oder im Rohr backen bzw. stocken lassen und zu Kartoffeln reichen.

Schweinejung

1 kg Bauchrippchen
1 Zwiebel
1 Eßl. Salz
1 Teel. Pfeffer
2 Teel. Mehl
Schweineblut

→ **Die gewaschenen Bauchrippchen mit Zwiebel, Pfeffer, Salz und mit Wasser bedeckt weich kochen. Die entstandene Brühe mit in Wasser angerührtem Mehl binden und aufkochen. Den Topf vom Feuer nehmen und das Blut darunter mischen.**

Fischklößchen

150 g entgrätetes Fischfleisch
150 gekochte Kartoffeln
1 Scheibe Brot
1 Zwiebel
Salz
Pfefferersatz

→ **Zwiebelwürfel bräunen. Fischfleisch durch den Wolf drehen und mit den geriebenen Kartoffeln vermengen. Die eingeweichte Brotscheibe ausdrücken und zugeben. Mit Zwiebel, Salz und Pfeffer kräftig abschmecken. Klößchen formen und in kochendem Salzwasser ca. 10 Minuten garen.**

ganz wenig. Heute finde ich das ungerecht, aber damals war das üblich: Vater bekam das meiste.

(Irmgard W., Passau)

Fleisch im Kochbuch

Mein Vater, der zwei Jahre hungernd in Rußland zugebracht hatte, litt sehr unter dem Fleischmangel. Er war ziemlich mit den Nerven runter und hatte eine schreckliche Angewohnheit. Wenn es mal wieder bloß Graupensuppe gab, nahm er sich das „Dr. Oetker Schulkochbuch" und las laut alle Fleischrezepte vor: Geschmorte Leber, Rinderrouladen, Kasseler Rippenspeer und so weiter. Wir Kinder konnten uns darunter nichts vorstellen, weil wir derartige Gerichte nie gegessen hatten. Aber wir sahen uns in dem Kochbuch gerne die Zeichnungen an, wie die einzelnen Fleischstücke heißen. Besonders das Schwein war so niedlich. Ich besitze das Kochbuch noch heute.

(Ella K., München)

Fisch

Fischreste verwenden

Die Abfälle der Bauchseiten, die Gräten und Heringsschwänze mit Wasser auskochen und durchseihen. Die Brühe für Marinaden, Salate oder Soßen verwenden.

Kleinstfische zubereiten

Angler freuen sich über große Fische. Meist fangen sie jedoch kleine oder ganz kleine, die mehr Gräten als Fleisch haben. Hier ein Tip für alle, die auch die Kleinsten noch verzehren möchten.
Man nimmt einen großen Kochtopf, füllt ihn mit Wasser und spannt darüber ein Tuch. Während das Wasser kocht, legt man die kleinen Fischchen auf das Tuch und stülpt einen großen Deckel darüber. So werden die Fische gedämpft und fallen nicht auseinander. Jetzt werden sie vorsichtig mit einer Gabel zerteilt und mit etwas Geschicklichkeit bleibt dann das ganze Skelett mit den Gräten übrig. Das Fischfleisch kann zu Fleischklopsen, Fischsoße oder zu Fisch-Kartoffelsalat verarbeitet werden.

Fisch aus eigener Räucherkammer

Einen Salzhering unausgenommen 24 Stunden wässern. Danach ein Stückchen Draht durch den Heringskopf ziehen und an einem Feuerhaken befestigen und den Hering 48 Stunden an der Luft trocknen. Den getrockneten Hering, der am Feuerhaken bleibt, mit einem Bogen Zeitungspapier umwickeln und das Papier am Feuerhaken befestigen. Den Feuerhaken über eine Konservendose oder einen Eimer hängen – der Hering muß frei hängen – und den Zeitungsbogen von unten anzünden und ausbrennen lassen.

Fisch-Kartoffelsalat

→ **Unter Kartoffelsalat, der mit Molke oder Buttermilch angemacht wurde, mischt man gewürfelte Salzgurken und gedämpftes Fischfleisch (s. Kleinstfische zubereiten).**

Heringssoße

1 Zwiebel
1/2 vorbereiteten Hering
1/2 l Wasser, Molke oder Brühe
Gewürze wie Lorbeerblatt, Gewürzkörner
2 Eßl. Mehl
1 Eßl. Margarine

→ **Das Mehl in wenig Wasser vorquellen lassen. Die Zwiebel würfeln und in etwas Fett anrösten. Wasser, Molke oder Brühe mit den Gewürzen aufkochen lassen. Das gequollene Mehl einrühren, alles noch einmal aufkochen lassen, und zum Schluß den sehr fein gewiegten Hering untermischen. Die Soße kann geschmacklich verbessert werden, wenn zum Schluß klein gewürfelte saure Gurke oder ein geriebener säuerlicher Apfel zugegeben wird.**

Fett

Donau-Kurier, 20.5.1947
Zwei Eßlöffel Fett

Wie das Ernährungsamt in Ingolstadt bekannt gibt, werden für die letzte Woche der 101. Periode auf die Fettmarke 3 zusätzlich 50 Gramm Butter verteilt.

Mehr Fett

Nach dem Generalstreik in Bayern verbesserten die Amerikaner die bisherigen Hilfslieferungen, die überwiegend aus billigen Nahrungsmitteln (Getreide und Mais) bestanden hatten, indem sie große Mengen an Fett bereitstellten.

Die Betriebsräte großer Unternehmen hatten die Aufgabe, die sogenannte „MEPRO-Zulage", die Mehrproduktionszulage, an Schwerarbeiter zu verteilen. Um das bißchen mehr Fett und Fleisch hat es schwere Kämpfe und auch Hungerdemonstrationen gegeben.
Sollten erst nur 24.000 Arbeiter in Bayern diese Zulage erhalten, so gelang es den Betriebsräten schließlich, die Zulage für 500.000 Schwerarbeiter durchzusetzen.

Im März 1948 konnte die Fettration von 75 Gramm auf 170 Gramm, ab April sogar auf 265 Gramm monatlich erhöht werden. Objektiv gesehen war das noch immer sehr wenig, aber die Menschen, die bisher mit vier bis fünf Eßlöffeln Fett im Monat auskommen mußten, sahen darin eine erhebliche Verbesserung.

Keine Butter

Infolge des Rückgangs der Milchlieferung konnten in Nürnberg im Januar 1948 täglich nur 12 Zentner Butter gegenüber 1.200 Zentnern im vorigen Sommer hergestellt werden.

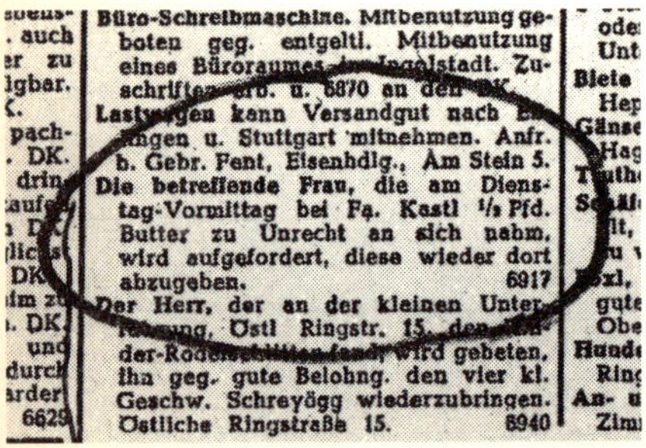

Büro-Schreibmaschine. Mitbenutzung geboten geg. entgeltl. Mitbenutzung eines Büroraumes [illegible] Ingolstadt. Zuschriften [illegible] u. 6870 an den DK.
Lastwagen kann Versandgut nach [illegible]ingen u. Stuttgart mitnehmen. Anfr. b. Gebr. Fent, Eisenhdlg., Am Stein 5.
Die betreffende Frau, die am Dienstag-Vormittag bei Fa. Kastl ½ Pfd. Butter zu Unrecht an sich nahm, wird aufgefordert, diese wieder dort abzugeben. 6917
Der Herr, der an der kleinen Unterführung, Östl Ringstr. 15, den [illegible]der-Rodel[illegible] fand, wird gebeten, ihn geg. gute Belohng. den vier kl. Geschw. Schreyögg wiederzubringen. Östliche Ringstraße 15. 6940

Fettkügelchen

Für einen Ausflug in die Berge erhielten wir einmal eine Feldflasche mit Malzkaffee, der mit einem Schluck Milch vom Bauernhof „veredelt" war. Als wir bei einer Rast trinken wollten, stellten wir fest, daß der Rahm dieser Milch durch die Bewegung zu Butter geworden war. Wir schmierten diese winzigen Stückchen Butter auf ein Brot und jeder durfte davon abbeißen.

(Beyerlein, Normalverbraucher)

Bucheckern/Buchteln

Bucheckern sind die Früchte der gemeinen Rotbuche (Fagus silvatica), dreikantig-spitz, mit glatter brauner Schale. Das Bucheckernöl ist von gutem Geschmack, besser als Rapsöl, es hält sich sehr lange, ohne ranzig zu werden. In der schlechten Zeit strömten die Städter in die Buchenwälder, um die Fettversorgung zu verbessern. Der einzige Nachteil bei den Bucheckern ist, daß es durchschnittlich nur alle acht bis zehn Jahre gute Ernten gibt. So wurde es als besonderes Geschenk angesehen, daß in den Jahren 1947 und 1948 zwei hervorragende Erntejahre aufeinander folgten.

Bucheckern – eine Erinnerung

Bei schönem Herbstwetter machte das mühselige Sammeln noch Freude. Man kniete oder setzte sich auf den Waldboden, scharrte das Laub hier und da zur Seite, um auch die darunter liegenden Früchte zu sammeln und in ein Säckchen zu tun. (...) Bei feuchtem Wetter war alles viel beschwerlicher. Man konnte nur gebückt oder in der Hocke sitzend, mit klammen Händen die aneinander klebenden Blätter hin- und herschieben, um die Früchte zu finden. Bei dieser Witterung war der Inhalt des kleinen Beutels am Abend entsprechend klein. Zu Hause wurden die feuchten Früchte auf einem Kuchenblech ausgebreitet, an den Rand des Küchenherdes zum Trocknen gestellt und ab und zu umgerührt. Wir saßen dann um den Küchentisch, jeder hatte einen Teller vor sich,

und mit einem kleinen spitzen Messer entnahmen wir dann den winzigen Inhalt der kantigen Früchte. Oft waren auch taube Bucheckern darunter, denn beim Sammeln konnte man das nicht feststellen.
An eines entsinne ich mich noch besonders deutlich: wenn es dann endlich so weit war und wir sieben Pfund Kerne beisammen hatten. Das bedeutete einen ganzen Liter Öl. Mein Vater ging damit zur Ölmühle, wo er die Bucheckern in Öl verwandeln ließ. Wie glücklich waren wir, wenn unser Vater mit dem „Olig" zurückkam. Er hielt die Flasche mit dem kostbaren, dunkelgoldenen und mit Luftbläschen durchsetzten Öl in die Höhe, wie man einen begehrten Pokal zeigt. Für uns bedeutete dieses Öl unendlich viel, und es schien, als hätte alle Not ein Ende. Es war wie ein Fest, als unsere Mutter am selben Tag Bratkartoffeln in Bucheckernöl machte. Sie schmeckten so gut und doch so anders, und mir war, als hätte ich nie etwas Besseres gegessen.

(Erinnerung von Leni Gomberts in Walter Göhl, Mancherlei Öl)

Obst und Wildfrüchte

Einkochgläser von den Amerikanern

Die Beschaffung von Krügen, Einmachgläsern, Gummiringen und Verschlüssen war in den Jahren, als es an diesen Gebrauchsgegenständen besonders mangelte, ein ernstes Problem, dem die Amerikaner durch die Bereitstellung von acht Millionen Einmachgläsern für die Einmachperiode des Jahres 1946 abzuhelfen gedachten.

(Fuchs, Frauen)

Äpfel und Birnen zum Trocknen

Um zu vermeiden, daß die Früchte durch das Trocknen braun und unansehnlich werden, läßt man sie erst eine Minute aufkochen. Man verfährt folgendermaßen. Man schält und zerkleinert immer nur jeweils 2 Äpfel oder Birnen, um das Anlaufen zu vermeiden. Dann hält man sie in einem Schaumlöffel oder einem kleinen Sieb 1 Minute in kochendes Wasser, läßt gut ablaufen und breitet sie dann auf einem sauberen Tuch zum Vortrocknen aus. Später breitet man sie alle auf Horden und läßt an der Luft oder in der Nähe des Herdes trocknen.

Holunder (Holler) aufbewahren

Hollerdolden über Schnüre an einem schattigen Ort zum Trocknen aufhängen. Im Winter einige Dolden über den Herd hängen, die Küche duftet dann sommerlich. Bei Bedarf die Beeren einweichen und eine Suppe daraus kochen, die mit etwas Süßstoff abgeschmeckt werden kann.

Apfel-Raub

Wir Kinder in der Stadt (Nürnberg) mußten in den ersten Jahren nach dem Krieg viel Hunger leiden. Für zusätzliche Kartoffeln oder etwas Obst wären wir weit gelaufen. So entschlossen sich zwei Freunde, ebenfalls Lehrlinge, im Juli 1947 übers Wochenende aufs Land zu fahren, um Äpfel zu „organisieren". Wir fuhren mit dem Zug nach Schnaittach. Beim Anbruch der Dämmerung marschierten wir los,

Hollermus

→ **Früchte entstielen, waschen, auf einem Sieb abtropfen lassen, in Tiegel einlegen und zugedeckt im eigenen Saft langsam weich kochen lassen. Wenn kein Zucker vorhanden ist, dann überreife Zwetschgen zugeben und alles gut durchkochen lassen. In Töpfe oder Gläser füllen und später als Fruchtsuppe verwenden.**

Brotsuppe mit Äpfeln

150 g trockenes Brot
1 1/4 l Wasser
250 g Äpfel
50–75 g Zucker
Zitronenaroma
1 Prise Salz

→ **Brot in Wasser einweichen und zum Kochen bringen. Die geschälten und zerkleinerten Äpfel werden hineingegeben und mitgekocht. Wenn das Brot weich ist, püriert man alles und schmeckt mit Zucker, Salz und Aroma ab.**

Ebereschensüßmost

➔ **1 Kilogramm Ebereschen mit 100 g Zucker mischen und 1 Stunde dampfentsaften. Den Saft in Flaschen füllen und bei Bedarf mit Wasser als Limonade oder zur Herstellung von Roter Grütze oder zu Kaltschalen verwenden.**

Ebereschenmarmelade mit Kürbis

1 kg Ebereschen
400 g Kürbis
300–400 g Zucker

➔ **Die Ebereschen waschen, zerstampfen und ohne Wasser weich kochen. Die Masse durch ein Sieb drücken. Den geschälten und gewürfelten Kürbis in sehr wenig Wasser unter Rühren weich kochen, mit der Ebereschenmasse mischen und alles mit dem Zucker unter Rühren mehrmals brausend aufkochen lassen. Die Marmelade kann auch herzhaft mit einem Schuß Essig verfeinert werden.**

jeder trug einen leeren Sack. Vielleicht konnten wir Früchte von irgendeinem Apfelbaum ergattern. Wir hatten aber nicht mit der Aufmerksamkeit der Bauern gerechnet, die teilweise mit Hunden ihre Ernte beschützten. So mußten wir frühmorgens niedergeschlagen, ohne Beute zum Bahnhof zurück, auf dem schon unzählige Menschen mit gefüllten Obstkörben auf den Zug nach Nürnberg warteten.
Da lag gleich neben den Gleisen ein Obstgarten mit Bäumen, die reichlich mit Äpfeln beladen waren. Wir kletterten über den Zaun und füllten unsere Säcke. Gerade als wir uns davonmachen wollten, kam der wütende Besitzer. Aber die vielen Hamsterer, die den Vorfall beobachtet hatten, stellten sich schützend vor uns. So konnten wir heil in den Zug gelangen. Meine Mutter hat Mus von einem Teil der Äpfel gekocht, von dem wir noch im Winter aßen.

(Trümmerjahre, 1985)

Wildfrucht Edel-Eberesche
Die Früchte weisen einen hohen Vitamingehalt auf, sind äußerst aromatisch und vielseitig verwendbar.

Ebereschensaft als Zitronenersatz
Ebereschen ohne Zucker dampfentsaften und als Säuerungsmittel zu Salaten oder als Essigersatz benutzen.

Ebereschen als Korinthen
Überreife Ebereschen, die sehr angenehm süß schmecken, als Dolden abschneiden, trocknen und später wie Korinthen verwenden.

Suppen

Viele Familien konnten sich in den Hungerjahren nach Kriegsende dadurch retten, daß sie einen kleinen Vorrat sog. „Wehrmachtssuppen" aufbrauchten. Im 2. Weltkrieg hatten die Fortin-Werke in Düsseldorf ein haltbares Halbfabrikat aus entbittertem Roggen, „Kornkraft", hergestellt, das sich zur Massenverpflegung in Arbeitsdienstlagern, Wehrmachtsküchen und Kantinen eignete. Dieses Suppenpulver war noch massenhaft in Wehrmachtsdepots bei Kriegsende vorhanden und wurde oft „markenfrei" abgegeben.

Amtsblatt Ingolstadt, 28.3.1946
Suppen auf Marken

Kochfertige Suppen können an Lebensmittelkartenempfänger ab sofort gegen Abgabe von Nährmittelmarken in halber Höhe zur Verteilung gelangen. Kochfertige Suppen dürfen nicht ohne Marken abgegeben werden.

Suppe im Wald

Sobald es die Witterung erlaubte, fuhr ich mit einem geliehenen Leiterwägelchen und Werkzeug in den Wald zum Stöckegraben. Mittags wärmte ich auf einem Feuerchen meine kochfertige Suppe, bestehend aus einem gelblichen Pulver, das in Wasser aufgerührt und gekocht zu einer schleimigen Masse aufquoll.

(Trümmerjahre, 1985)

Linsensuppe mit Einlage

Linsensuppe sollte es mittags zu essen geben. Die Linsen hatte ich gründlich verlesen, und alles, was von Tieren irgendwie angebohrt oder angeknabbert war, wurde sorgsam entfernt. Als die Suppe gar war und ich den Deckel hochnahm, schwammen an der Oberfläche viele kleine Käferchen. Wir haben sie als Rüsselkäferchen erkannt. Was jetzt? Alles wegschütten? Und was gab es dann zum Mittagessen? Ich habe die Tierchen vorsichtig mit dem Löffel abgeschöpft, so lange, bis keines mehr auftauchte. Hatte ich einige Bohrlöcher übersehen? Oder waren die Tierchen in den geschlossenen Linsen geblieben, bis es ihnen dort zu heiß wurde und sie zu entfliehen suchten? Ich glaube nicht, daß die Kinder von dieser Aktion wußten. Dann haben wir die Suppe gegessen. Sie schmeckte etwas bitterer als Linsensuppe sonst schmeckt.

(Erinnerte Geschichte)

Blinde Kartoffelsuppe

Sehr oft gab es eine Suppe aus rohen Kartoffeln, die in kochendes Gemüsewasser gerieben wurden. Man mußte die Suppe sofort essen, weil sie sonst „Fäden" zog.

(Margot Hampel, Schwaig b. Nürnberg)

Suppe für unterwegs

Wir sind als Jugendliche viel mit Faltbooten unterwegs gewesen. Das Essen war sehr knapp. Meine Großmutter gab uns dann eine Tüte mit einer Art selbstgemachten Nudeln mit. In einem großen Hordentopf – der noch aus der Hitlerjugendzeit stammte – haben wir diese Nudeln gekocht, bis eine dicke Suppe daraus wurde. Was sich sonst noch auf den Feldern fand, seien es Rüben, Kraut oder auch Äpfel, kam alles in die Suppe. Manchmal lief uns auch ein Huhn über den Weg und fand sich gerupft und ausgenommen im Topf wieder.

(Carl A., Landsberg am Lech)

Kümmelsuppe

✈ **Altbackenes Schwarzbrot in kleine Stücke schneiden, mit Wasser, Salz und einem Eßlöffel Kümmel zu einem Brei kochen. Alles durch ein Sieb geben und mit etwas Butter oder Rahm abschmecken.**

Kartoffelmilchsuppe

1 kg rohe Kartoffeln
1/2 l Wasser
Suppengemüse (Möhren, Sellerie o. ä.)
1 1/4 l Magermilch
Salz

✈ **Kartoffeln, Suppengemüse und Salz in wenig Wasser kochen und zerstampfen. Milch aufkochen und vor dem Anrichten dazugeben und gehackte Kräuter darüber streuen.**

Semmelsuppe

2 Semmeln
1 1/2 l Wasser oder Magermilch
1 Eigelb
Salz, Zucker
1 Stich Butter

✈ **Die Semmeln werden im Wasser aufgeweicht, gekocht, zerquirlt und mit dem Eigelb abgezogen. Will man eine süße Semmelsuppe haben, nimmt man anstatt Wasser Milch und gibt etwas Zucker dazu.**

Maissuppe

125 g Maismehl
50 g Margarine
1 l Gemüsebrühe
2 Eigelb (wenn vorhanden) oder 4 Eßl. Magermilch
Schnittlauch

✈ **Das Maismehl in dem Fett rösten, mit Gemüsebrühe (aus Gemüseresten gekocht oder Brühwürfel) auffüllen und langsam kochen lassen, bis der Mais ausgequollen ist. Die Suppe mit dem Eigelb abziehen oder die Magermilch dazugeben und mit Schnittlauch bestreut zu Tisch bringen.**

Graupensuppe mit Gurke

125 g Graupen
50 g Hackfleisch
2 Kartoffeln
1 saure Gurke

✈ **Die Graupen in Salzwasser 30 Minuten garen, die gewürfelten Kartoffeln zugeben und alles gut durchkochen lassen. Das Fleisch anbraten und mit kleingewürfelter Gurke zur Suppe geben. Salzen und mit frischen Kräutern garnieren.**

Geröstete Brotsuppe

200 g Weißbrot, Wecken oder Mischbrot
Gemüsebrühe
Petersilie

✈ **Brot in sehr dünne Scheiben schneiden und in der heißen Backröhre oder in der Pfanne rösten. Tiefe Teller vorwärmen, die Brotscheiben in die Teller geben und mit heißer Gemüsebrühe (aus Resten gekocht) übergießen und mit Petersilie servieren.**

Riebelesuppe

✈ **60–70 Gramm Mehl werden unter Zugabe von sehr wenig Wasser zwischen den Handflächen verrieben. Das Wasser darf nur tropfenweise und sehr sparsam zugegeben werden, damit die Masse trocken bleibt und sich keine dicken Klumpen bilden. Die „Riebele" werden dann in der Pfanne geröstet und in einen Liter kochendes Salzwasser eingerührt. Sie gehen während des Kochens stark auf und sind sehr sättigend. Die „Riebele" lassen sich in größeren Mengen auf Vorrat herstellen, die dann nach Bedarf in Salzwasser aufgekocht werden können.**

Guter Ratschlag

Was tun, wenn nur 1/2 kg oder gar nur 1/4 kg Gemüse für 4 Personen reichen sollen? Anstelle eines schüsselfüllenden Eintopfgerichts kocht man eine Gemüsesoße!

(Regenbogen, Februar 1946)

Blinde Soße

Es war eine Mehlschwitze mit ganz, ganz wenig Fett oder nur Wasser mit Mehl verrührt und aufgekocht. Oft nahm man auch das Kochwasser von Gemüse, das man so für eine Gemüsemahlzeit eindickte. Unvergeßlich der Geschmack von gelben Rüben (Möhren) mit kleingehackter Peterle (Petersilie). Heute als überzeugte Vegetarierin mache ich diese Soße mit Mondamin-Soßenbinder. Diese Soße gibt es mehrmals in der Woche und schmeckt zu in wenig Wasser gegartem Gemüse köstlich.

(Ulrike Kreppner, Nürnberg)

Soße von gelben Rüben

✈ **Die Rüben werden geputzt, gewaschen und roh gerieben. Aus Fett und Mehl bereitet man eine helle Einbrenne, die man mit etwas Frischmilch ablöscht. In die Soße legt man einen Teil des Rohbreis und läßt alles durchkochen. Mit Salz, etwas Zucker und Petersiliengrün abschmecken und kurz vor dem Servieren den restlichen Rübenbrei einrühren. – Gemüsesoßen lassen sich auch aus Kohlrabi, Sellerie oder Kohlstrünken herstellen. Kräftig mit Knoblauch, Pfefferersatz, Kümmel und Essig abschmecken.**

Soße ohne Mehl

✈ **Ist gelegentlich Mehl knapp, kann eine helle Grundsoße auch aus Kartoffeln zubereitet werden. Man preßt vier gekochte Kartoffeln heiß durch, verrührt sie mit 1/2 Liter Gemüsebrühe und läßt alles gut durchkochen. Dann gibt man ein wenig Butter oder Margarine, Salz, Paprikapulver, Zitronensaft oder Essig hinzu und erhält durch Zugabe von Kräutern, Senf, Meerrettich oder Lauch eine delikate Soße.**

Mayonnaise-Ersatz

1/8 l Milch oder Wasser
1/2 Eßl. Stärkemehl oder 1 Eßl. Mehl
1 Teel. Margarine (kann fehlen)
1 Eßl. Essig
1 Teel. Zucker
1 kleine, geriebene Zwiebel

✈ **Alle Zutaten werden kalt gründlich verrührt und auf schwachem Feuer unter dauerndem Rühren bis zum Kochen gebracht. Bei Verwendung von Weizenmehl läßt man die Soße fünf Minuten kochen, stellt sie kalt und rührt noch so lange, daß sich keine Haut bildet.**

Ungekochte Brotsoße

✈ **Einige Scheiben Brot (auch trockenes, altes Brot) über Nacht in Wasser einweichen und dann durch ein Sieb streichen. Einen marinierten Hering in sehr kleine Stücke schneiden und untermengen. Wenn vorhanden, klein geschnittene Zwiebel zugeben und mit Essig, einer Prise Zucker und Pfefferersatz pikant abschmekken.**

Kürbistunke

500 g Kürbis
2 Eßl. Mehl
1/2 Lorbeerblatt
Salz
Wasser
Essig

✈ **Kürbis in Würfel schneiden und mit Essig besprengt einige Stunden stehenlassen. Den Kürbis mit der entstandenen Brühe und dem Lorbeerblatt in kochendes Salzwasser geben und gar kochen. Mit in kaltem Wasser angerührtem Mehl andicken. Die Tunke kann auch süß-sauer abgeschmeckt werden.**

Bunter Salat

1 große rote Rübe
250 g Sellerie
100 g Feldsalat
1 Zwiebel
Salz
Essig
1 Prise Zucker
Kräuter

→ **Rote Rübe und Sellerie putzen, in gleichmäßige Scheibchen schneiden und in wenig Wasser garen. Zwiebel reiben und mit Essig, Salz und Zucker vermengen. Feldsalat verlesen, mehrmals waschen und alles gut miteinander vermischen. Nochmals kräftig abschmecken und Kräuter dazugeben.**

Sauerkrautmischsalat

375 g Möhren oder Rote Bete
250 g Sauerkraut
Salz

→ **Marinade nach Belieben aus Molke oder Essig, Zucker, Zwiebel und Meerrettich herstellen. Möhren oder Rote Bete putzen, in Würfel oder Scheiben schneiden und in wenig Wasser garen. Das Sauerkraut auseinanderzupfen, mit dem Gemüse vermischen und alles mit der Marinade vermengen. Gut durchziehen lassen.**

Nachtkerzensalat

200 g Nachtkerzen (pro Person);
Marinade aus Essig, Öl, Zucker, Zwiebeln, Paprika, Salz, Molke oder Kochwasser.

→ **Wurzeln gründlich waschen, schaben, in Scheiben schneiden und in wenig Salzwasser garen. Mit der Marinade mischen. Nach Belieben mit Kräutern überstreuen.**

Kartoffelsalat mit Nachtkerzenwurzeln

→ **Unter einen fertigen Kartoffelsalat die gleiche Menge weichgekochter Nachtkerzenwurzeln mischen.**

Eßbare Nachtkerzen
Die Nachtkerze, auch wilder Tabak genannt, wächst als Unkraut auf Brachland, Eisenbahndämmen und Schutthalden. Die fleischigen Pfahlwurzeln der bis zu einem Meter hohen Sträucher sind, vor der Blüte geerntet, eßbar und ähneln im Geschmack Schwarzwurzeln. Mit Essig und Öl angemacht, ergeben die Wurzeln einen schmackhaften und nahrhaften Salat.

Bonbons und Konfekt

Fruchtbonbons

100 g Zucker
2 Eßl. fruchtige Marmelade
1/2 Eßl. Essig

➔ **Die Zutaten unter ständigem Rühren kurze Zeit aufkochen lassen. Eine flache Platte mit einer Schicht Zucker bestreuen und mit einem Holzlöffelstiel kleine Vertiefungen drücken, in die je 1/2 Teelöffel Bonbonmasse gegeben wird. Die Bonbons erstarren lassen, einmal umdrehen und aus dem Zucker nehmen. Der Zucker kann später anderweitig verwendet werden.**

Buttermilchbonbons

375 g Zucker
1/2 l Buttermilch oder Molke
1 Päck. Vanillezucker
10 g Margarine oder Butter

➔ **Alles dick einkochen lassen, auf eine gefettete Platte schütten und nach dem Erkalten in Stücke brechen oder schneiden.**

Zwetschgenkonfekt

➔ **250 Gramm Dörrpflaumen nicht zu weich kochen, abtropfen lassen, entkernen und sehr fein schneiden oder hacken. 250 Gramm Zucker läßt man mit 2 Löffeln Zwetschgensud sehr dick einkochen, würzt mit etwas Rumaroma, fügt die Zwetschgen hinzu und läßt alles zu einer sehr steifen Masse einkochen. Wenn vorhanden, kleingeschnittene Feigen, Nüsse oder das Innere von Kirsch- und Pflaumenkernen zugeben und auf einem mit Zucker bestreuten Brett kleine Kugeln formen. Einige Tage antrocknen lassen.**

Donau-Kurier, 25.1.1946
Schlechte Ernte

Nach einer Mitteilung des Bayerischen Staatsministers für Ernährung und Landwirtschaft war die Zuckerrübenernte 1946 nur sehr gering. Die Ernte wird gerade ausreichen, um die laufende Ausgabe an Zucker für Kinder bis zum 6. Lebensjahr im Versorgungsjahr 1946 zu gewährleisten.

Süßigkeiten zu Kinderfesten

Fruchtkonfekt

250 g Marmelade
4—5 Eßlöffel geröstete Brotbrösel
Zucker nach Bedarf.

Dick eingekochte Marmelade wird mit gerösteten Brotbröseln untermischt, auf Zucker ausgerollt und mit kleinen Förmchen hübsch ausgestochen oder geschnitten. Man wälzt die Stückchen in Zucker (kann bei gesüßter Marmelade fehlen) und übertrocknet sie bei milder Wärme.

Meine Lieblingsspeise

Wenn meine Oma mal ein wenig Kakao auftreiben oder eintauschen konnte, dann machte sie für uns eine leckere Speise. Etwas Milchpulver mit einigen Tropfen Wasser anrühren, Kakao dazu und ein paar Haferflocken unterrühren. Das schmeckt mir auch heute noch.

(Erna K., Traunstein)

Eispulver

Als Sonderzuteilung für Kinder verteilten die Amerikaner aus ihren Vorräten gelegentlich Eispulver. Wir rührten es mit Magermilch an, weil es keine Möglichkeit gab, Eis herzustellen. Es war eine köstliche Leckerei.

(Beyerlein, Normalverbraucher)

Noch heute gern gegessen

Ich erinnere mich noch an ein köstliches Mahl. Ein dick gekochter Weizenbrei wurde mit Saft von schwarzen Johannisbeeren übergossen. Das schmeckt auch noch heute!

(Lina B., München)

Weizengrütze mit Saft

✈ **Weizenkörner in einer eisernen Pfanne unter ständigem Rühren lichtbraun rösten und auskühlen lassen. Durch die Kaffeemühle drehen und in wenig gesalzenes kochendes Wasser einlaufen lassen. Zum Ausquellen an die Herdplatte oder in die Kochkiste stellen. Mit Saft von Kirschen, Himbeeren oder Johannisbeeren servieren.**

Schlagsahne – einfach

1/2 l Frischmilch oder Molke
1/2 l Wasser
1 große rohe Kartoffel
1 Prise Salz
Vanillezucker

✈ **Milch und Wasser aufkochen lassen, die Kartoffel schälen, fein reiben und dazugeben, alles noch einmal aufkochen. Die Masse über Nacht recht kalt stellen und dann mit Salz und Vanillezucker so lange schlagen, bis sie steif ist.**

Falsche Schlagsahne

45 g feiner Grieß
1/2 l Wasser
Saft von 1/2 Zitrone oder
Zitronenaroma
100 g Zucker
2 Eiweiß
Vanillezucker

✈ **Grieß mit etwas kaltem Wasser anrühren, Wasser aufkochen, Zucker und Zitrone dazugeben und alles 3 Minuten kochen lassen. Lauwarm in eine Schüssel geben und mit einem Schneebesen tüchtig schlagen. Wenn die Masse etwas steif geworden ist, zwei zu Schnee geschlagene Eiweiß und etwas Vanillezucker vorsichtig untermischen. Die Sahne eignet sich sehr gut zu Obstkuchen.**

Schlagrahm aus Bratäpfeln

✈ **Drei in der Ofenröhre gegarte Bratäpfel durch ein Haarsieb rühren und erkalten lassen. 100 Gramm Zucker und ein Eiweiß zugeben. Die Masse tüchtig mit dem Schneebesen schlagen, bis sie weiß und dick ist.**

Milchschaum

1/2 l Magermilch
25 g Mehl
25 g Zucker
Vanilleersatz
etwas Wasser

✈ **In die kochende Milch das in wenig Wasser angerührte Mehl einlaufen lassen und alles aufkochen. Nach dem Abkühlen den Zucker zusetzen und tüchtig – am besten von oben nach unten – schlagen, bis eine steife Masse entsteht. Vanilleersatz zugeben. Den Milchschaum sofort verzehren.**

Apfelkuchen

50 g Fett
75 g Zucker
250 g Mehl
1/2 Päck. Backpulver
1 Päck. Vanillezucker
1 Teel. Backaroma
6 Eßl. Milch oder Wasser
1 kg Äpfel oder anderes Obst
etwas Salz

➔ **Fett schaumig rühren, Zucker, Backaroma, Vanillezucker und Salz zufügen und das mit dem Backpulver gesiebte Mehl nach und nach mit der Milch unterrühren, bis der Teig vom Löffel fällt. Teig in eine Springform streichen und mit Apfelschnitzeln belegen. 30 Minuten backen und nach dem Abkühlen mit etwas Zucker bestreuen.**

Maisgrieß-Plätzchen

250 g Maisgrieß
3 Eßl. Zucker
1/4 l Milch
10 g Hefe

➔ **Alle Zutaten gut vermischen, Kugeln formen und flach drücken. Bei Mittelhitze backen.**

Haferflockenspritzgebäck

40 g Fett
100 g Zucker
1/4 Teel. Aromax-Zimtaroma
1 Prise Zimt
200 g Haferflocken
100 g Mehl
1 Päck. Backpulver
1/8 bis 1/4 l Milch

➔ **Fett und Zucker schaumig rühren, dann nach und nach alle Zutaten dazu verarbeiten. Man drückt den halbweichen Teig durch die Kuchenspritze und backt das Spritzgebäck etwa 20 Minuten.**

Sirupkuchen in der Kastenform

250 g Sirup
100 g Zucker
1/2 l Wasser oder Milch
500 g Mehl
1/4 Teel. Aromax-Zimtaroma
1 Teel. Anis
1 Prise Salz
1 1/2 Päck. Backpulver
50 g feingeschn. Backobst

➔ **Zucker, Sirup und Wasser aufkochen und erkalten lassen. Mit den übrigen Zutaten zu einem Rührteig vermengen und alles in eine gefettete Kastenform geben. Etwa 60 Minuten backen.**

Kastenlebkuchen

1/2 Pfund Sirup
100 g Zucker
1/2 Pfund Eichelmehl
1/2 Pfund dunkles Mehl
1 Ei (kann wegbleiben)
70 g Fett (kann wegbleiben)
Lebkuchengewürz
1 Päck. Backpulver
1/4 l Magermilch

➔ **Die Zutaten zu einem Rührteig vermischen, in eine gefettete Kastenform füllen und gut durchbacken.**

Rührteig mit Öl

4 Eßl. Öl
100 g Zucker
1 Ei
125 g Quark oder gekochte Kartoffeln
200 g Weizenmehl
1/2 Päck. Backpulver

✈ **Öl, Zucker, Ei und Quark oder geriebene Kartoffeln werden miteinander verrührt. Das mit dem Backpulver vermischte und gesiebte Mehl wird darunter gemischt. Man erhält einen festen Teig, den man mit dem Löffel in eine gefettete Springform streicht. Die Backzeit beträgt 25-35 Minuten. Der Teig wird als Boden zu Apfelkuchen, Streuselkuchen, Bienenstich, Rhabarberkuchen usw. verwendet.**

Topf- oder Kastenkuchen

✈ **Man nimmt die doppelte Menge des Rührteiges mit Öl, gibt 75 Gramm Weinbeeren oder feingeschnittenes Dörrobst (Birnen, Zwetschgen) und etwas Vanillearoma hinzu. Der Teig wird in eine gut gefettete Form gefüllt und 60-70 Minuten bei schwacher Hitze gebacken. Der Kuchen ist sehr saftig und hält sich mehrere Tage frisch.**

Rührkuchen (Sparrezept)

✈ **1. Fett oder Ei wird weggelassen.**
2. Hat man weder Fett noch Ei, wird der Zucker mit einer kleinen Tasse dicken Erbsen- oder Bohnenbreis schaumig gerührt.
3. Ist das Mehl knapp, mischt man es zur Hälfte mit feinem Roggenschrot oder gibt zu 375 Gramm Mehl 125–250 Gramm Kartoffeln (am besten roh gerieben) dazu.

Marzipantorte

Teig:
2 Eier
6 Eßl. Wasser
125 g Zucker
1/2 Päck. Puddingpulver
1 Päck. Vanillezucker
175 g Mehl
3 Teel. Backpulver

Creme:
1/4 l Apfelsaft
50 g Zucker
1/2 Päck. Puddingpulver

Kartoffelmarzipan:
200 g gekochte Kartoffeln
125 g Zucker
1 Päck.Vanillezucker
12 Tropfen Mandelaroma

Verzierung:
20 g Fett
50 g Haferflocken

✈ **Aus den Zutaten einen Rührteig herstellen, 30 Minuten backen und nach dem Abkühlen zweimal durchschneiden. Für die Creme aus Saft, Puddingpulver und Zucker eine feste Masse kochen. Die Zutaten für die Kartoffelmarzipanfüllung gut verrühren. Die Torte mit Creme und Marzipan füllen und mit in Fett gerösteten Haferflocken verzieren.**

Küchle

Als die Zeiten sich etwas besserten, wurden schmalzgebackene Küchle zubereitet. Um Fett zu sparen, nahm man Dünnbier und obenauf etwas Schmalz, erhitzt garten dann die Küchle in dieser Mischung. Eine sehr beliebte Leckerei!

(Dr. L. K. Friedmann, Hof)

Kuchen mit Maismehl

1 Tasse Maismehl
1 Tasse Mehl
3/4 Tasse Zucker
1 Päck. Backpulver
1 Tasse kochende Magermilch
40 g Kakao oder Nußkerne
(z. B. Haselnüsse)
1 Prise Salz

➔ **Mais, Mehl, Zucker und Backpulver mischen und mit der kochenden Milch anrühren. Übrige Zutaten zugeben und in einer mit Mehl ausgestäubten Form bei mäßiger Hitze backen.**

Eiersandgebäck

200 g Zucker
150 g Fett
300 g Mehl
1 Päck. Backpulver
Vanillearoma
3 Eiweiß

➔ **Fett und Zucker schaumig rühren, dann Mehl, Backpulver und Aroma untermischen. Das Eiweiß sehr fest schaumig schlagen, dann vorsichtig unterziehen und auf ein Blech spritzen oder mit zwei Löffeln kleine Portionen aufs Blech setzen. Bei mittlerer Hitze schön gelb backen.**

Hutzelbrot (Klötzenbrot)

➔ **Einen Hefeteig aus 1000 Gramm Mehl herstellen. Je 500 Gramm Zwetschgen und Birnen zerkleinern und in etwas Wasser weich kochen. Zitronen- und Anisaroma zufügen, mit Süßstoff verfeinern, alles gut durchmengen und zum Hefeteig geben. Gut aufgehen lassen, kleine Brote formen und bei mittlerer Hitze backen.**

Obstbrot von Falläpfeln ohne Fett und Ei

➔ **500 Gramm Äpfel mit Schale und Kerngehäuse mit 1/4 Liter Wasser zum Kochen bringen und sehr weich kochen. Saft abgießen und das Apfelmark durch ein Sieb streichen. Die Masse abwiegen und mit der doppelten Menge Mehl, etwas Salz und 30 Gramm in 1/8 Liter Apfelsaft aufgelöster Hefe vermengen. Der Teig muß sehr locker sein. In eine Kastenform füllen und langsam eine Stunde backen. Das Obstbrot hält sich sehr lange.**

Apfelkuchen aus Hefeteig mit Kartoffeln

250 g rohe geriebene Kartoffeln
250 g Mehl
50 g Hefe
3-4 Eßl. Kartoffelsaft
1 Prise Salz
3-4 Eßl. Zucker
500 g Äpfel
2 Eßl. Fett

➔ **Kartoffeln schälen, reiben und auspressen. Den herausgepreßten Kartoffelsaft zum Glattrühren der Hefe verwenden. Die übrigen Zutaten gut vermengen und den Teig aufgehen lassen. Auf ein gefettetes Blech streichen und mit Apfelscheiben belegen. Dieser Hefeteig schmeckt nußartig.**

Falsche Streusel

60 g Haferflocken
60 g Zucker
50 g Butter

➔ **Die Zutaten hellgelb rösten und wie „echte" Streusel verwenden.**

Sirup und Marmelade

Die Herstellung von Sirup oder Rübenkraut war weit verbreitet. Zuckerrüben hatten sich sozusagen über Nacht auf den heimischen Äckern breitgemacht, selbst in Gärten wurden sie angepflanzt. Der Aufwand, aus den Zuckerrüben den begehrten Rübensaft herzustellen, war beträchtlich. In einschlägigen Zeitschriften wurde auch vorsorglich gewarnt: „Es soll den Anfängern nicht verheimlicht werden, daß das Sirupkochen sehr mühevoll und zeitraubend ist und vor allen Dingen sehr viel Feuerungsmaterial erfordert. Man soll deshalb diese Nachteile berücksichtigen und einkalkulieren, bevor man an die Arbeit geht."

Zunächst mußten die Rüben einige Stunden eingeweicht werden, um sie dann mit einer Bürste gründlich von Sand und Blättern zu reinigen. Mit einem Messer oder einer Brotschneidemaschine schnitt oder raspelte man die Rüben in möglichst gleichmäßige Scheiben oder Schnitzel. Mit Wasser bedeckt ließ man die Scheiben ca. 2 Stunden kochen, ehe sie durch den Fleischwolf gedreht wurden. Danach kam die Masse in ein Tuch zum Auspressen. Der aufgefangene Saft mußte dann unter ständigem Rühren stundenlang bei prasselndem Feuer gekocht werden, bis der Sirup dick und haltbar war. Ein Unglück war es, wenn die trübe Brühe anbrannte und dann einen bitteren, penetranten Geschmack nach verbranntem Eiweiß annahm.

Meist beteiligten sich ganze Familien oder Hausgemeinschaften an dieser Aktion. Damit das Feuer nicht ausging, wurde häufig Tag und Nacht gearbeitet. Die Mühe und der Arbeitsaufwand wurden belohnt durch ein kleines Eimerchen Sirup, das den ganzen Winter reichen mußte.

In einigen Städten, z. B. in Aschaffenburg, konnte man die Rüben mahlen und zu Saft pressen lassen. In langen Schlangen stand man vor

Marmelade aus Falläpfeln

➔ **Fallen im Herbst größere Mengen Fallobst an und hat man keinen Zucker, kann man sich wie folgt helfen: Äpfel oder Birnen schälen, alles Schlechte wegschneiden und die Früchte in kleine Stücke schneiden. Ohne Wasserzugabe aufkochen lassen, den Saft auffangen und mit etwas Stärke oder Weizenmehl anrühren, zu den Früchten geben und alles unter ständigem Rühren zu Brei aufkochen lassen. Bei Bedarf mit etwas Süßstoff süßen. Der Marmeladenbrei kann auf Brot gegessen werden oder auf Kartoffelpuffer gegeben werden. Diese Marmelade ist jedoch nicht haltbar und muß sofort verbraucht werden.**

Sirup-Busserln

30 g Fett
1 Ei
5 aufgelöste Tabletten Süßstoff
1 Tasse Sirup
1 Teel. Backpulver oder Natron
500 g Mehl

➔ **Einen Teig bereiten, Busserln ausstechen und bei guter Hitze backen.**

der Kelterei an, mit Zuckerrüben im Henkelkorb, auf dem Handwagen oder gar zentnerweise in Säcken auf bespannten Fuhrwerken. Zu Hause wurde der Saft – oft stundenlang – eingekocht, bis die Masse dunkel und dicklich wurde. Zum Schluß tauchte man nach alter Sitte einen glühenden Schürhaken in die brodelnde Masse, der dem Sirup den eigenartig bitteren und herben Geschmack nehmen sollte.

Kleines Unglück

In der Zeitung standen oft kleine betrübliche Geschichten, die aber ein Happy-End hatten. Ich erinnere mich an eine Erzählung, die meine Oma mir vorgelesen hat.
Ein kleines Mädchen wird zum Kaufmann geschickt, weil Rübenkraut auf Marken aufgerufen ist. Damit sie die Marken nicht verliert, legt sie die kostbaren Schnipsel in die Milchkanne. Der Kaufmann nimmt den Auftrag an, füllt den klebrigen Sirup ein und verlangt die Marken.
„Die sind in der Kanne", ruft das Kind entsetzt. Großes Gelächter im Laden. – Aber man weiß Rat. Zu Hause wird der Sirup vorsichtig umgeschüttet, die Marken herausgefischt, gewaschen, getrocknet und zum Kaufmann gebracht. – Für die Aufregung und die Tränen erhält das Kind von der Mutter einen Extra-Löffel Sirup. – Als Kind gefiel mir der Schluß besonders gut! Verständlich in der damaligen Zeit!
(Ilona K., München)

Getränke

Kaffee, Tee und Kakao

Kaffeesatz

In einer Villa in Erlenstegen, die von drei hohen amerikanischen Offizieren bewohnt war, konnte ich arbeiten. Sämtliche Räume mußte ich täglich sauberhalten. Es war harte Arbeit, aber ich bekam gutes Essen. (...) Am Abend durfte ich den Kaffeesatz des Bohnenkaffees, der tagsüber anfiel, mit nach Hause nehmen, auch Sandwiches und was sonst noch übrigblieb. Meine Heimkehr war täglich ein Fest. Ich brachte den Kaffeesatz auch im Krankenhaus zu den Schwestern, die meine Mutter betreuten. Auch hier wurde ich stets mit Freude und Dankbarkeit empfangen.

(Trümmerjahre, 1985)

Kaffee brennen

Von Bekannten aus Hamburg erhielten wir im Tausch gegen ein Kaninchen einen Beutel Kaffeebohnen. Die gelbgrünen Bohnen mußten wir erst rösten. Geschickte Handwerker boten Pfannen oder Trommeln zum Rösten an. Manchmal sieht man diese Ungetüme noch auf dem Flohmarkt; kein Mensch weiß heute mehr, wozu die Gegenstände benutzt wurden.

(Inge K., Regensburg)

Malzkaffee

Die Lebensmittelkarten enthielten auch einen Abschnitt zum Bezug von Ersatzkaffee, der meist aus gerösteter Gerste, oft unter Zusatz von Eichel- oder Kastanienmehl, bestand. Malzkaffee wurde auch zum Kuchenbakken oder als „Fett" zu Bratkartoffeln benutzt. Als Getränk war das Pulver unter der Bezeichnung „Muckefuck" bekannt, galt aber nicht gerade als Genuß.

Häufig war der Ersatzkaffee nicht vorrätig, und die Hausfrauen waren gezwungen, „Ersatz" für den „Ersatz" herzustellen. Birnenstücke oder Schnitzel roter Rüben kamen in den Backofen, wurden schwarz gebrannt und dann in der Kaffeemühle zu Pulver gemahlen. Andere versuchten es mit reifen grünen Erbsen, die man in einem Bratentopf über der Flamme rührte, bis sie schwarz waren und gemahlen werden konnten.

Von Schalen befreite Eicheln ließen sich zur Not auch rösten und mahlen. Benutzte man nicht ausreichend entbitterte Eicheln, gab es unangenehme Überraschungen. Der Verzehr führte zu Verstopfungen.

Kastanien zu Ersatzkaffee

Die Kaffeefabrik Weber (bekannt durch Webers Karlsbader Kaffeegewürz) verarbeitet Kastanien zu Kaffee-Ersatz.

(Natur und Nahrung)

Sehnsucht nach Kakao

Kriegsgefangene, die jahrelang in Sibirien inhaftiert waren, erhielten, wenn Spenden aus dem Ausland vorhanden waren, bei der Ankunft in Deutschland eine Tasse Kakao. Männer, die oft wochenlang von Sibirien im Zug unterwegs waren, berichteten: „Auf der langen Reise haben wir uns immer vorgestellt, wie köstlich die Tasse Kakao wohl schmecken würde." Wie die „Kakao-Nachricht" bis ins ferne Sibirien gelangt war, blieb unklar.

(Mitteilungsblatt DRK, 1948)

falscher Kakao!

Rote Beete in dünne streifen schneiden (Würfeln) gut trocknen, langsam in der Röhre bis sie richtig hart sind. Dann in der Kaffeemühle malen, das Pulver mit Mehl u. Zucker anrühren u. in die kochende Milch (verdünnt mit Wasser) aufkochen lassen.

Omas Kaffeemühle hatte damals den Rest abgekriegt, darüber war sie nicht erfreut. Auch Körner wurden darauf gemahlen.

Eierlikör

3/4 l Vollmilch
500 g Zucker
2 Päck. Vanillezucker
5 Eigelb
1/4 l 96%igen Weingeist

➔ **Milch mit Zucker und Vanillezucker aufkochen und unter Rühren abkühlen lassen. Die zerquirlten Eier in die lauwarme Milch geben und alles gut verrühren. Den Weingeist untermischen und nochmals alles gut durchmengen. Durch ein feines Sieb oder einen Kaffeefilter geben, in Flaschen füllen und einige Zeit ruhen lassen. – Wird anstelle von hochprozentigem Weingeist Schnaps verwendet, muß die doppelte Menge Alkohol genommen werden. Wird der Eierlikör zu dick, kann er mit abgekochtem Zuckerwasser verdünnt werden.**

Donau-Kurier, 28.10.1947
Kein Likör in USA

95 % aller amerikanischen Likörfabriken haben für die Dauer von 60 Tagen die Produktion zwecks Einsparung von Getreide für Europa unterbrochen.

Schnapsbrennen
Schnapsbrennen war offiziell verboten, aber überall wurde Schnaps „schwarz" gebrannt. Zahlreiche Rezepte kursierten, und in Kellern, Schuppen und abgelegenen Hütten und Gehöften wurden Kartoffeln gekocht, mit Hefe angesetzt, gegoren und dann destilliert. Die Dorfgemeinschaften hielten zusammen, der Ortspolizist drückte ein Auge zu und erhielt eine Flasche „Schwarzgebrannten". Auch die Amerikaner beteiligten sich an dem Kreislauf Schnaps – Zigaretten – Kaffee – hübsche Mädchen.

Eierlikör zur Goldenen Hochzeit
Als in dem Dorf, in dem ich damals mit meinen Eltern wohnte, eine Goldene Hochzeit gefeiert wurde, versuchten alle Familien, etwas zu diesem Fest beizusteuern. Vom Rheinland besorgten wir hochprozentigen Alkohol, wir sagten Weingeist dazu. Und meine Großmutter bereitete Eierlikör. Das Rezept habe ich aufgehoben, und wenn meine Schwiegertöchter zu Besuch kommen, dann kredenze ich auch noch heute ein Gläschen. Es schmeckt allen herrlich, meine Schwiegertochter aus Kalifornien meint: „Wie Seide auf der Zunge."
(Anita K., Würzburg)

Bier besitzt in Bayern einen besonderen Stellenwert. Als im Anfangsjahr der Besatzung der Bierausschank für die Zivilbevölkerung in Bayern gesperrt wurde, weil die amerikanische Armee den gesamten Bierausstoß für sich beanspruchte, kam es zu erheblichen Protesten und zu einer bedrohlichen Unzufriedenheit, besonders bei der ländlichen Bevölkerung.
Als angeordnet wurde, daß alle bayerischen Brauereien für amerikanische Clubs arbeiten mußten, berichtete der Direktor der Militärregierung Straubing an die oberen Behörden: „Alle Biertrinker in der Stadt und im Lande sind ungehalten über diese Tatsache. Für die Bayern bedeutet Biertrinken nämlich nicht nur ein Vergnügen, sondern für sie gehört eine bestimmte Menge Bier zur täglichen Ernährung."

(Ewert, Feuersturm)

Dünnbier gegen Brotmarken

Für den bierverwöhnten Bayern wurde das köstliche Naß mit der Begründung verweigert, es sei unmoralisch, in den schweren Zeiten Bier auf der Grundlage von Brotgetreide zu brauen. Als Ausweg bot sich an: Mit dem Segen der Militärregierung sollten für eineinhalb Liter Dünnbier Brotmarken im Wert von 50 Gramm abgegeben werden.

(Grube/Richter, Flucht und Vertreibung)

Bier für Abessinien

Die Münchner Brauereien exportierten in einem Nachkriegsjahr allein 60.000 Hektoliter Bier nach Belgien, 33.000 in die Schweiz, 30.000 nach Amerika und 2000 Kisten Flaschenbier an den abessinischen Kaiserhof.

(Grube/Richter, Flucht und Vertreibung)

Dünnbier oder „Hopfenbrause"

Otto Normalverbraucher mußte sich an das Dünnbier, auch Hopfenbrause genannt, halten. Der Stammwürzegehalt war auf ein Zehntel des ursprünglichen Wertes herabgesetzt worden und das normale, kräftige Bier blieb weiterhin für das Ausland reserviert – man brauchte Devisen.

(Grube/Richter, Flucht und Vertreibung)

Keine Gefahr

Das Dünnbier hatte auch Vorteile. Tod durch übermäßigen Alkoholgenuß war ausgeschlossen und der Spruch an dem Marterl schon Legende:

Herr Jesus Christus selber sagts:
Der Gerechte fällt sieben Mal des Tags.
Der besoffne Franz war mehr als gerecht,
er fiel nur einmal, aber schlecht.

(Klinger, Braugewerbe)

Bayerische Kinder als Vorbild

In der Sitzung der Kölner Stadtverordnetenversammlung am 20.12.1945 wurde angeregt, daß Schulkinder Heilkräuter in unserer engeren Heimat als Tee und zur Arzneimittelversorgung sammeln sollten.

Als vorbildliches Beispiel wurde angeführt: „Ich kann Ihnen z. B. versichern, daß man in Bayern mit diesem System recht gute Erfolge bei der Hopfenernte erzielt hat. In Bayern werden zur Zeit der Hopfenernte die Schulen für drei Wochen geschlossen. Schüler und Lehrer gehen hinaus und sammeln den Hopfen, damit der Bayer sein anständiges und gutes Bier bekommen kann." (Heiterkeit)

(StVers. Köln, 20.12.1945)

Alkoholfreie Getränke

„Krepiersaft"

Als Sonderzuteilung wurde im Herbst 1945 in Aschaffenburg Grapefruitsaft ausgegeben, der im Volksmund „Krepiersaft" genannt wurde.

(Stadtmüller, Aschaffenburg)

Heißgetränk

In Bahnhofswirtschaften und Tanzlokalen gab es ein Getränk mit dem merkwürdigen Namen „Heißgetränk". Das Beste daran war die Farbe – grünschillernd oder bonbonrosa, blaßgelb oder zartblau. Der Geschmack erinnerte an in viel Wasser aufgelöste Marmelade oder Süßstoff-Brause. Warum es als Heißgetränk bezeichnet wurde, ist unklar, denn das Zeug wurde meist kalt getrunken.

Deutscher Tee

Bereits im Herbst 1945 wurde in Zeitschriften zum Sammeln von Kräutern für „deutschen Tee" aufgerufen.

Amtsblatt Ingolstadt, 6.9.1946

Ananassaft aus USA

Auf Sonderabschnitt E 11 kommen ab sofort je 3 Dosen amerikanischen Fruchtsafts (Grapefruit, Ananas und Orange) zur Verteilung. Die Einzelhändler dürfen nur Marken annehmen, die den Aufdruck „Ingolstadt/Stadt" tragen.

Donau-Kurier, 10.10.1947

Anzeige

Süßmost – Apfelsaft
an Ort und Stelle gegen
Obst – Zucker nicht
erforderlich.
Für 1 Ztr. Äpfel oder
Birnen (auch Fallobst):
30 3/4 Fl. Apfelsaft.
Brennmaterial und leere
Flaschen mitbringen.
Tel. Ingolstadt 2476

Deutscher Tee oder Haustee kann aus folgenden einheimischen Blättern zubereitet werden

Quecke	*Quendel*
Erdbeere	*Sauerkirsche*
Himbeere	*Esche*
Heidekraut	*Pfefferminze*
Waldmeister	*Weißdorn*
Johannisbeere	*Ehrenpreis*
Linde	*Bohnen*
Hafer	*Apfelbaum*
Weidenröschen	*Hagebutte*
Eberesche	

Vitamintee aus Tannennadelspitzen

→ **Wintermüdigkeit und Erkältungskrankheiten wurden in Friedenszeiten mit Vitamin C (z. B. in Apfelsinen oder Zitronen) bekämpft. Diese Früchte fehlen uns heute, deshalb müssen wir auf andere Vitaminträger ausweichen. Zum Beispiel sitzt in den Spitzen der Tannen- und Fichtennadeln eine gewisse Menge Vitamin C, die man wie folgt zu einem Wintertee verarbeiten kann. Die Nadeln mit einer rostfreien Schere schneiden, nicht vom Waldboden sammeln und frisch zu Tee bereiten. Auf einen Viertelliter kochendes Wasser berechnet man 25 Gramm Nadelspitzen. Tee aufbrühen, fünf Minuten ziehen lassen, durch ein Sieb geben und schlückchenweise trinken. Den ungewöhnlichen Geschmack kann man durch Zugabe von etwas Zucker oder Süßstoff mildern.**

Bauernflip

→ **Einen Teller voll frischer süßer Beeren zerdrücken und mit kaltem Kräutertee oder Apfelschalentee übergießen. Unter kräftigem Rühren gibt man ein Glas Buttermilch dazu und süßt, wenn nötig, mit etwas Sirup. Das Getränk kaltstellen.**

Gärtnertrunk

→ **Beliebige Garten- oder Wildkräuter grob hacken und mit etwas kochendem Wasser überbrühen. Ein bis zwei Liter kaltes Wasser zugießen und über Nacht stehenlassen. Anderntags mit etwas Salz, wenig Essig und einer Tablette Süßstoff verfeinern. Kaltgestellt ergibt es ein erfrischendes, würziges Getränk.**

Erfrischungskaltschale

1/4 l Wasser
2 Teel. Grieß
1/3 l Molke
Süßstoff
Mandel- oder Vanillearoma

→ **Wasser aufkochen und den Grieß einrieseln lassen. Den Topf von der Kochstelle nehmen, Molke und Süßstoff zufügen und kräftig schlagen, Aroma zugeben, in Gläser füllen und kaltstellen.**

Apfelwasser

→ **Einige süße Äpfel reiben und mit Wasser übergießen. Mehrmals umrühren und über Nacht stehen lassen. Am nächsten Tag durch ein Sieb gießen, mit etwas Essig oder Zitronenaroma würzen und nach Geschmack noch mit etwas Sirup oder Süßstoff verfeinern. Kaltgestellt ist dies ein köstliches und erfrischendes Getränk für heiße Tage.**

Donau-Kurier, 24.10.1947
Tabak verdorben

Im Landesobstgarten Theißing beschlagnahmte die Zollbehörde 1700 angeblich unversteuerte Tabakpflanzen und untersagte dem Leiter des Gartens, darüber zu verfügen. Die Folge dieses Meisterstückes von St. Bürokratius war, daß der Tabak, der auf dem Trokkenboden hing, in der Zwischenzeit völlig verdarb.

Anzeige
Für Tabakernte 1947/48

Tabakbeize und Würze
„Fix und Fertig – Special"
Verbürgte Qualität.
Sofort lieferbar:
Werner Stein
Regenslauf-Neuhof/Opf.

Raucherkarten gegen Torf

Im Herbst 1947 konnten wir im Tausch gegen Raucherkarten ein Fuder Torf bekommen. Das war natürlich ein ganz großes Glück!

(Mit Zuckersack)

Scherzhafte Rechenaufgabe

Frage: Ein Mann hat 10 Zigaretten (übrigens kostete eine Zigarette 5 Mark, also 50 Mark). Von je 3 Kippen dreht er sich eine neue Zigarette. Wieviel kann er insgesamt rauchen?

Antwort: 15 Zigaretten. 10 Zigaretten raucht er gemütlich. Ihm bleiben 10 Kippen. Aus 9 Kippen dreht er 3 neue Zigaretten. Diese raucht er. Aus den 3 übrig gebliebenen Kippen kann er wieder eine Zigarette drehen. Mit dieser Kippe und der 10. sowie einer geborgten Kippe dreht er sich die 15. Zigarette. Die letzte Kippe, die übrig bleibt, gibt er zurück, denn sie war ja nur geborgt.

(Mit Zuckersack)

Schüler fordern Fett statt Tabak

Schüler der höheren Klassen der Oberrealschule Amberg hatten an den Landtag eine Eingabe gerichtet, in der sie sich gegen die geplante Einfuhr von 123 Millionen Kilo Tabak zum Preis von 600.000 Dollar wenden mit der Begründung, daß Hunderttausende von Deutschen, besonders Kinder und Jugendliche, lebensgefährlich unterernährt sind und die notwendigsten Lebensmittel aus Mangel an Devisen nicht gekauft werden können.

Das Wirtschaftsministerium nimmt dazu wie folgt Stellung: Es darf nicht übersehen werden, daß das Rauchen in Notzeiten einen gewissen Ausgleich für die fehlende Ernährung bietet. Die gesamte Arbeiterschaft insbesondere die körperlich schwer arbeitende Bevölkerungsschicht, wie die Berg- und Hüttenarbeiter, würde für einen Ausfall ihrer Tabakzuteilung kein Verständnis aufbringen. Aus der zur Einfuhr vorgesehenen Menge Rohtabak ließen sich zirka 1,23 Milliarden Stück Zigaretten herstellen, die an Verbrauchssteuer einen Betrag von rund 160 Millionen einbringen würden. Ohne Einfuhr von Rohtabak müßte die gesamte Tabakindustrie im Frühjahr des kommenden Jahres zum Erliegen kommen.

(Donau-Kurier, 2.12.1947)

Amtsblatt Wolfratshausen, 28.2.1948

Frauenraucherkarte für Heimkehrer
Ab sofort kann allen Heimkehrern von der zuständigen Kartenstelle einmalig eine Frauenraucherkarte zusätzlich abgegeben werden.

Zeitungsränder als Zigarettenpapier

In den ersten Jahren nach dem Kriege gab es kein Zigarettenpapier. Die Raucher behalfen sich mit Durchschlagpapier oder, wenn nichts weiter aufzutreiben war, schnitt man die Ränder von Zeitungen zurecht.

Tabak Marke „Eigenbau"

Starke und genußsüchtige Raucher litten sehr unter dem Entzug von Rauchwaren. Neben den zugeteilten Zigaretten auf Raucherkarten verfielen viele Raucher auf eine anscheinend einfache Methode, nämlich den Selbstanbau von Tabak. Auf Hinterhöfen, Balkonen und in Kleingärten wuchsen zunächst kleine Pflänzchen, die man im Frühjahr in der Gärtnerei kaufen konnte. Die Menge war begrenzt, um den Massenanbau zu verhindern, denn nur eine geringe Menge Tabakanbau war steuerfrei. Bei gutem, sonnigen Wetter wuchsen die Pflanzen, die wie edelste Gewächse gehegt und gepflegt wurden, schnell zu mannshohen Stauden. Zeigten sich die ersten braunen kleinen Flecken auf den

Donau-Kurier, 22.1.1946
Tabakernte beschlagnahmt

Die gesamte Tabakernte Bayerns wurde, wie das Bayerische Landwirtschaftsamt mitteilte, beschlagnahmt und muß von den Produzenten zur Verfügung der Landesstelle gehalten werden. Der Verkauf oder Ankauf durch die Pflanzer an den Rohtabakhandel und an die verarbeitende Industrie wurde untersagt. Durch diese Verordnung soll eine gleichmäßige Verteilung an alle Landkreise ermöglicht werden.

Blättern, die die Reife ankündigten, dann ließ sich mancher Raucher dazu verführen, die Blätter im Schnellverfahren zu trocknen und in die Pfeife zu stecken.

Der Raucher mußte sich dann allerdings weit von den Mitmenschen entfernen, denn es stank abscheulich. Humorvolle Mitmenschen gaben dieser Sorte „Eigenbau" kuriose Namen, z. B. „Keilkissen-Verschnitt" oder „Bahnhofsvorsteher – bei jedem Zug muß er raus".

Echte Profis entwickelten ein fein ausgeklügeltes System der Genußzubereitung. Die stocktrockenen Blätter an sonnigen Tagen ernten, auf Schnur – nicht Draht – auffädeln und mindestens sechs bis acht Wochen trocknen lassen. Hierzu eigneten sich Schuppen, Dachböden, Wintergärten oder auch das Wohnzimmer. Danach begann das sorgfältige Zerschneiden, entweder mit einer Papierschneidemaschine oder per Hand mit Schere oder Messer. Je gleichmäßiger die Fäden geschnitten waren, desto besser ließen sie sich fermentieren. Um dem heimischen Tabak eine echte „Orientnote" zu verleihen, hatten Raucher und Kleingärtner Spezialrezepte zum Beizen. Ein besonders gutes Verfahren wurde darin erblickt, den Tabak unter Beachtung unerläßlicher Sicherheitsmaßnahmen in einen Düngerhaufen zu stecken, da dessen gleichbleibende Zersetzungswärme für die beste Fermentierung sorgen sollte. Auch Pflaumensaft gab die nötige Würze, eine Mischung aus Tabak und trockenen Kirsch- oder Rosenblättern brachte Virginia-Aroma, und mit Heilkräutern ließen sich die kostbaren Tabakblätter strecken, die bis zur nächsten Ernte reichen mußten. Sehnlich warteten die Raucher auch auf den „Aufruf" von Zigarettenpapier und Streichhölzern; beides war Mangelware und heiß begehrt.

Zigaretten zum Geburtstag

Nach jahrelanger Kriegsgefangenschaft trafen die Heimkehrer überglücklich in den Aufnahmelagern (wie Hammelburg, Furth i. W., Friedland, Poggendorf u. a.) ein. Bei der Registrierung stellten die Schwestern des Roten Kreuzes fest, daß einer der Heimkehrer am Tage seiner Ankunft seinen 50. Geburtstag beging. Das Geschenk bestand – der Notzeit entsprechend – aus einem Feldblumenstrauß und einer Handvoll Zigaretten.

(Mitteilungsblatt DRK 1948)

Zigarettenwährung

König war derjenige, der über genügend Zigaretten verfügte, und das waren vor allem die Besatzungstruppen. Kräftig mischten sie mit, und viele tauschten ein Vermögen gegen den so wertvollen blauen Dunst. Für 5.000 Zigaretten, die den G.I. nur 20 Dollar und 50 Cents kosteten, war eine gute Leica zu haben, die in den Staaten rund 600 Dollar wert war. Für 600 Dollar wiederum gab es 134.000 Zigaretten und dafür 27 Leicas. Und für einen Diamanten von erheblichem Wert zahlte der neue Besitzer 2 Kilo Kaffee und 50 Zigaretten. Wenn das kein Geschäft war!

(Grube/Richter, Flucht und Vertreibung)

Kippensammeln ohne Bedenken

Da Tabak sehr begehrt war und sich ausgezeichnet zum Tauschen eignete, ging allgemein das Kippensammeln los. Die Amis warfen die Zigaretten meist schon nach wenigen Zügen fort und die Kippe blieb selten lange liegen. Hygienische oder moralische Gesichtspunkte spielten nicht mehr die geringste Rolle.

(Mit Zuckersack)

Tugendhafte Warnung

Eltern, Fürsorgerinnen und Pastoren warnten junge Frauen vor den Verführungskünsten der Amerikaner. Meist vergeblich! Zum geflügelten Wort wurde der Satz:
„Die Tugend sei dein fester Schild,
lockt dich auch sehr die Chesterfield!"

(Anna Lang, Poing)

Die Ärmsten der Armen

Kinder

Dünn und hohläugig
1947 waren von 100 Kindern in Nürnberg nur vier „gut ernährt". Die einschneidenden Rationenkürzungen im Februar/März 1946 waren größtenteils zu Lasten der Jugendlichen gegangen. Ab 1. Mai 1947, als das Schulspeisungsprogramm des amerikanischen Ex-Präsidenten Herbert C. Hoover realisiert wurde und alle Kinder zwischen 6 und 18 Jahren diese Zusatzversorgung von etwa 350 Kalorien täglich erhielten, besserte sich der Gesundheitszustand der Kinder allmählich.

Allerdings vertrugen die stark unterernährten Kinder die mit Fleisch und Fett zubereiteten „guten Suppen" meist nicht, sie mußten sich häufig übergeben und wogen häufig nach einigen Monaten weniger als zu Beginn der Schulspeisungsverteilung.

Ohne Pausenbrot
Im Juni/Juli 1946 berichtete der Oberbürgermeister in Nürnberg, daß „10 bis 15 % der Schüler kein Frühstück und 50 % kein Pausenbrot dabeihaben". Die körperliche und geistige Spannkraft der Kinder sei stark gemindert.
(Liedkte, Handbuch)

Früher aufstehen
Im März 1946 wurde die „doppelte Sommerzeit" eingeführt.

Die Kinder mußten nicht – wie sonst – um 7 Uhr aufstehen, sondern bereits um 5 Uhr. Es gehörte zum Schulalltag, daß Kinder vor Hunger und Müdigkeit ohnmächtig aus der Bank fielen.

(Welser, Überlebenskraft)

Entzug der Lebensmittelkarten als Druckmittel

Die Nürnberger Kartenstelle verfügte am 13.6.1949:

Die Mündelmutter Lisel H. ist mit ihrem Kind z. Zt. unbekannten Aufenthaltes verzogen und holt trotzdem die Lebensmittelkarten für sich und das Kind bei der Kartenstelle ab. In der Wohnung war sie nie anzutreffen.

„Da das Jugendamt mit der Kindsmutter dringend in einer Mündelangelegenheit sprechen muß, sind in diesem Ausnahmefalle die Lebensmittelkarten zu sperren.

(Vermerk am 28.6.: Die Mutter ist beim Vormundschaftsgericht erschienen und erhält wieder Lebensmittelkarten.)

(StadtAN Nr. C 28 Nr. 232)

Bitte um die Mütterkarte

Brief an den Oberbürgermeister am 17.12.1947:

An den Oberbürgermeister Ziegler!

Wie Ihnen bekannt ist, gibt es die Mütterkarte nur bis zum 13. Monat. Ich habe sie leider nur bis zum 9. Monat bekommen. Nun stille ich noch, mein Kind ist 1 1/2 Jahr, ich möchte auch gern den Winter über, wo es doch kein Gemüse und auch sonst wenig gibt, noch weiter stillen, wenn ich es kann. Da hätte ich nun eine große Bitte, ob es eine Möglichkeit gibt, daß ich auch eine Mütterkarte bekäme.

Ich habe nichts zu tauschen, kann mir auch nichts zusätzlich beschaffen, darum wäre ich Ihnen sehr dankbar.
Ihrer Antwort entgegensehend
Ingeborg B. Nürnberg, Schreyerstr. 19
(StA Nürnberg C 28/231)

Parteiabzeichen gegen Schokolade
Ich fand einmal ein Parteiabzeichen der NSDAP auf einem Schutthaufen in der Kaulbachstraße, das ich bei einem amerikanischen Soldaten gegen ein Pfund Kaffee, einen Karton Schokolade und eine Stange Zigaretten eintauschte.
(Trümmerjahre, 1985)

Schulspeisung auch für Kinder auf dem Lande
Im Mai 1948 meldete die Ansbacher Regierung die Speisung von 251.465 Schülern in 1.662 Schulen. Versorgt wurden nicht nur städtische, sondern auch ländliche Gebiete, in denen die Not nicht geringer war. Der Bezirksschulrat von Lauf schrieb im Juli 1946, daß sich Berichte über zunehmende Unterrichtsstörungen „wegen rapid ansteigender Unterernährung" der Schüler häuften.
(Liedke, Handbuch)

Schulspeisung
Als Wohltat erwies sich die Schulspeisung, für die ich heute noch den Amerikanern dankbar bin. Am ersten Tag ging ich freilich leer aus, weil die Portionen nicht reichten. Dabei hätte es Grießbrei mit Pflaumenkompott gegeben. Aber dann lief die Organisation besser.

Pünktlich um 9.30 Uhr kamen zwei Frauen mit Kübeln. Sie gaben abwechselnd Nudeln, Grießbrei, Haferflockenbrei und Erbsensuppe mit Wursteinlage aus. Am Samstag (wir gingen damals noch bis mittags zur Schule) bekamen wir Kakao und Weißbrötchen.

(Trümmerjahre, 1985)

Hungern zu Pfingsten und Fronleichnam

Schulspeisung erhielten die Schüler nur an den Schultagen, wie der Speisenplan aus Augsburg zeigt.

(Trümmer, Augsburg)

Lehrer hungern

Lehrkräfte waren besonderen Belastungen und gesundheitlichen Gefährdungen ausgesetzt: Arbeit in schlechter, bazillenangereicherter Luft, besondere Ansteckungsgefahr durch schlechten Gesundheitszustand der Schüler, ungenügend beheizte Räume, starke physische und psychische Belastung durch das Unterrichten von 50-100 unruhigen, nervösen, rasch ermüdenden, seelisch oft sehr ungünstig beeinflußten Kindern. Diese Belastungen und die jahrelange Unterernährung führten häufig dazu, daß „Lehrer mitten im Dienst zusammenbrachen".

(Liedke, Handbuch)

Hunger tut weh

Nach der Melodie „Winter ade, scheiden tut weh" sangen wir Kinder damals:

Hunger tut weh,
essen ist schee (schön),
aber der Hunger macht,
daß mir der Magen kracht.
Hunger tut weh,
essen ist schee.

Mit diesem Schlachtruf auf den Lippen klauten wir Kinder uns ab und zu ein paar gelbe Rüben (Karotten) aus den öffentlichen Anlagen, die damals mit Gemüse bepflanzt wurden.

(Trümmerjahre, 1985)

Muster-Speiseplan vom 25.5. bis 7.6.1947

25.5.1947	keine Schulspeisung	Pfingstsonntag
26.5.1947	keine Schulspeisung	Pfingstmontag
27.5.1947	keine Schulspeisung	noch Pfingstferien
28.5.1947	Teigwaren in Obsttunke	333 Kal.
29.5.1947	Hafer-Schokolade-Brei	348 Kal.
30.5.1947	Bohnen-Tomaten-Suppe	349 Kal.
31.5.1947	Eiskreme-Fruchtspeise	358 Kal.
1.6.1947	keine Schulspeisung	Sonntag
2.6.1947	Milchkartoffeln	373 Kal.
3.6.1947	Teigwaren in Tomatentunke	345 Kal.
4.6.1947	Erbsensuppe (Soup dehydrated)	279 Kal.
5.6.1947	keine Schulspeisung	Fronleichnam
6.6.1947	Fruchtgries mit Milchtunke	357 Kal.
7.6.1947	Trinkschokolade, weißes Brötchen	347 Kal.

Keine Zuckertüten

Für die Erstkläßler war der 2. Oktober 1945 überhaupt der erste Schultag ihres Lebens. Aber es gab nicht – wie früher – Zuckertüten für die Schulanfänger, sondern alles begann ganz still und formlos – und dabei ist es doch eigentlich ein Wunder, daß wieder Schule ist nach so langer Zeit unfreiwilliger Ferien und angesichts der totalen Zerstörung und völliger Auflösung allenthalben in Deutschland.

(Kadelbach, Die mageren Jahre)

Schulaufsatz „Mein schönster Tag"

In der 4. Klasse einer Mädchenschule schrieben die Schülerinnen zum Thema „Mein schönster Tag":

„Als ich an meinem Geburtstag allein in meinem Bett schlafen konnte."

„Als ich ein Paar Holzsandalen bekam."
„Als ich von einem Ami eine Tafel Schokolade bekam."
„Mein schönster Tag war der 17. Februar. Da ist mein Bruder Günther gestorben, und ich bekam seinen Mantel, seine Schuhe und seine gestrickte Unterjacke."
(Regenbogen, Dezember 1948)

Neue Strümpfe gegen Milch für Kinder
Meine Frau erhielt für ein Paar ungetragener Strümpfe eine Milchlieferung für die Dauer einer Woche. Die Bäuerin hatte ihr gleich gesagt, daß sich wegen der Fortsetzung des Verfahrens für die nächste Woche schon ein Weg finden lassen würde. Sie brauche nämlich dringend Frottierhandtücher, und die junge Frau werde schon einiges aus ihrem Bestande erübrigen können.
(Kadelbach, Die mageren Jahre)

Schulspeisung für müde Bauernkinder
Ein lustiges Gefährt hat heute einen höchst bemerkenswerten Inhalt in der Waschküche unserer Schule abgeladen. Die Amerikaner haben nach gründlichen Untersuchungen, bei denen jedes Schulkind gemessen und gewogen wurde, beschlossen, eine tägliche Schulspeisung einzuführen. Es gibt Grießbrei oder warme Eiscreme, Kakao und Brötchen, Schokoladenpudding, Hühnerbrühe mit Nudeln oder Reis, Eispulver oder sonstige Kostbarkeiten, an die man sich nur vom Hörensagen erinnern kann. (...) Jetzt werden alle Kinder versorgt, ganz gleich, ob es sich um Kinder von Flüchtlingsfamilien oder einheimischen Bauern handelt. Ich finde dieses Prinzip, so sehr ich mich

über die Speisung freue, nicht unbedingt gerecht. Merkwürdigerweise hatten aber bei den ärztlichen Untersuchungen die Bauernkinder meist schlechter abgeschnitten als die viel besser gepflegten Kinder der Flüchtlinge und Evakuierten. Das mag daran liegen, daß die Bauernkinder schon sehr früh zur Arbeit herangezogen werden und meist todmüde sind, wenn morgens der Unterricht beginnt. Die Großen unter ihnen, die in die Abschlußklasse gehen, haben dann schon selbständig Futter gemacht, das Vieh versorgt, die kleineren Geschwister betreut und in den Kindergarten gebracht und oft drei Stunden harter Arbeit hinter sich.

(Kadelbach, Die mageren Jahre)

Bratwurst zur Schuleinweihung

Als ich im Schulalter war (ca. 1950), gab es in Schwaig eine Schulhauseinweihung. Welch eine köstliche Erinnerung: Jedes Kind erhielt ein Brötchen mit einer Bratwurst.

(Elfriede Hilgert, Schwaig)

Zeitgemäßes Märchen

An dem Häuschen, wo die sieben jungen Geißlein wohnten, klopfte jemand an die Haustür und rief: „Macht auf, ihr lieben Kinder, eure Mutter ist da!" „Wir machen nicht auf," riefen die Geißlein, „unsere Mutter hat keinen schwarzen Fuß, du bist der Wolf!" Da lief der Wolf zum Müller und sprach: „Streu mir weißes Mehl auf meine Pfote!"

Der Müller dachte, der Wolf will sicher jemand betrügen, weigerte sich und verlangte Weißbrotmarken. Da man aber in der vierten

Woche der Zuteilungsperiode war, hatte der Wolf keine mehr, und so mußte der Bösewicht ohne Erfolg davonschleichen.

(Wege aus dem Chaos)

Hauptsächlich Süßigkeiten

Aus dem Schulaufsatz des Schülers Schwarz, Klasse 6 b, Nürnberg, Fürther Straße; der Schüler berichtet über seine Erfahrungen im Luftschutzkeller bei den Bombenangriffen und freut sich:

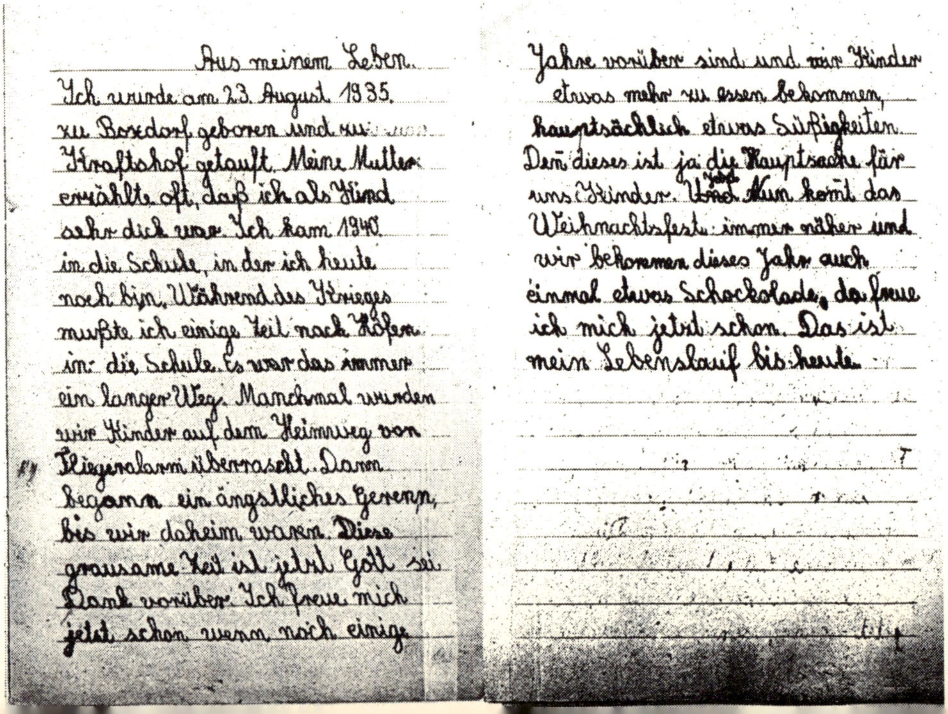

Aus meinem Leben.

Ich wurde am 23. August 1935. zu Boxdorf geboren und zu [illegible] Kraftshof getauft. Meine Mutter erzählte oft, daß ich als Kind sehr dick war. Ich kam 1940. in die Schule, in der ich heute noch bin. Während des Krieges mußte ich einige Zeit nach Höfen in die Schule. Es war das immer ein langer Weg. Manchmal wurden wir Kinder auf dem Heimweg von Fliegeralarm überrascht. Dann begann ein ängstliches Gerenn, bis wir daheim waren. Diese grausame Zeit ist jetzt Gott sei Dank vorüber. Ich freue mich jetzt schon wenn noch einige Jahre vorüber sind und wir Kinder etwas mehr zu essen bekommen, hauptsächlich etwas Süßigkeiten. Denn dieses ist ja die Hauptsache für uns Kinder. Und Nun komt das Weihnachtsfest immer näher und wir bekomen dieses Jahr auch einmal etwas Schockolade, da freue ich mich jetzt schon. Das ist mein Lebenslauf bis heute.

Schüler der Oberstufe der Sendelbacher Volksschule hatten sich 1962 mit einem Projekt an einem Wettbewerb zur Förderung der politischen Bildung beteiligt. Sie verglichen die Lebensmittelversorgung von 1945 mit den Verhältnissen 1962, hier eindrucksvoll mit der Anzahl der geschlachteten Schweine im Schlachthaus Lohr.

(Eduard Stenger, Schulmuseum Lohr am Main)

Rettung durch Zwillinge

Nun ergab sich aber aus der Überraschung mit der Zwillingsgeburt ein besonderer Effekt. Ich bekam zwei Mütterkarten und zwei Säuglingskarten, so daß durch diese Zuteilungen für die ganze Familie eine bessere Versorgung gegeben war. Ich pflegte zu sagen: „Die Zwillinge haben die ganze Familie ernährt!"

(Mit Zuckersack)

Bananen für ein krankes Kind

Im schlimmsten Hungerwinter 1946 ging eine Meldung durch alle Zeitungen. Für ein todkrankes Kind, das weder Kohl noch Steckrüben essen durfte, hatten die Engländer Bananen eingeflogen. Diese Meldung beschäftigte die Phantasie von jung und alt mehr als das schönste Märchen.

Alte und Kranke

Krank durch Hunger und Mangelernährung

Durch die sinkenden Nahrungsmittelrationen verschlechterte sich der Gesundheitszustand der Bevölkerung von Monat zu Monat. 1946 kam es zu Mangelerscheinungen wie Hungerödemen, die Todesrate bei TBC-Kranken stieg um 50 % (gegenüber 1938) und die Säuglingssterblichkeit nahm erschreckend zu.

Es fehlte an Medikamenten wie Narkotika, Herz- und Kreislaufmitteln und Arzneien wie Sulfonamide. Antibiotika waren erst in der Entwicklung und in Deutschland nicht erhältlich.

Besonders gefährdet waren Diabetiker. Einerseits schrumpfte der Vorrat an Insulin immer mehr zusammen, und Ampullen aus Kriegsbeständen wurden zu horrenden Preisen schwarz gehandelt. Andererseits bestand die tägliche Nahrung vorwiegend aus Kohlenhydraten, und an eine spezielle Diät für Zuckerkranke war nicht zu denken.

Unterernährte Mütter

Das Rote Kreuz führte im Februar 1946 in verschiedenen Großstädten Gewichtskontrollen durch, die zu erschreckenden Ergebnissen führten. Mütter mit mehreren Kindern wogen in Extremfällen nur noch 36, 35, ja 30 Kilogramm und waren dem Gewicht nach selbst noch wie Kinder. Die Forderungen nach Zusatzernährung für Mütter führten zu keiner Verbesserung. Auch der Hinweis auf die Opferbereitschaft der Mütter, die „lieber hungern und lieber auf ein Stückchen Brot verzichten, um es ihren Kindern zu geben", verhallte ungehört.

Donau-Kurier, 18.1.1946

Milch für Greise

An Personen über 70 Jahre darf auf Antrag täglich 1/4 Liter entrahmter Frischmilch ausgegeben werden. Der Antrag ist bei der Kartenausgabestelle zu stellen.

Flüchtlinge

Seit 1945 wurden in Nürnberg über 460 000 Flüchtlinge und Vertriebene durchgeschleust. Zeitweise mußten in den großen Flüchtlingslagern bei Schafhof 8000 Menschen untergebracht und notdürftig versorgt werden.

Haß auf Flüchtlinge

Wir mußten aus Schlesien flüchten. Die furchtbaren Erlebnisse der Flucht kann ich bis heute nicht vergessen. Aber am schlimmsten war, daß wir in Bayern von Ort zu Ort geschoben

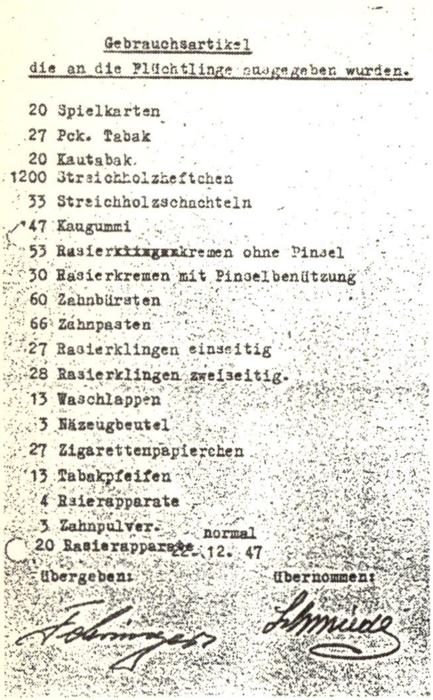

Gebrauchsartikel
die an die Flüchtlinge ausgegeben wurden.

20 Spielkarten
27 Pck. Tabak
20 Kautabak.
1200 Streichholzheftchen
33 Streichholzschachteln
47 Kaugummi
53 Rasierkremen ohne Pinsel
30 Rasierkremen mit Pinselbenützung
60 Zahnbürsten
66 Zahnpasten
27 Rasierklingen einseitig
28 Rasierklingen zweiseitig.
13 Waschlappen
3 Nähzeugbeutel
27 Zigarettenpapierchen
13 Tabakpfeifen
4 Rasierapparate
3 Zahnpulver. normal
20 Rasierapparate
22. 12. 47
Übergeben: Übernommen:

wurden. Niemand wollte uns haben, und auch die Verantwortlichen machten keinen Hehl aus ihrer Ablehnung uns gegenüber. Einmal sagte ein Bürgermeister eines Dorfes, in dem wir einige Nächte in einer Scheune verbrachten: „Flüchtlinge und Dünnschiß kann niemand aufhalten."

(Erna Fuchs, Berlin)

Ablieferung von Unterkleidung und Bettzeug für Flüchtlinge

Im Laufe des Dezember wird eine größere Anzahl von Flüchtlingen nach Fürth kommen und muß hier untergebracht werden. Auf Antrag der Regierung hat jetzt jede Pg-Familie (Pg bedeutet Parteigenosse, Mitglied der NSDAP) bzw. jeder alleinstehende Pg folgende Gegenstände abzuliefern:

1 Kissen, 1 Oberbett oder 1 Wolldecke, ferner je 1 Garnitur warmer Unterwäsche für Männer, Frauen und – soweit vorhanden – für Kinder. Die Ablieferung hat bis spätestens am 7. Dezember auf der zuständigen Polizeiwache zu erfolgen, wo auch eine Quittung erteilt wird. Durch die Polizei wird kontrolliert, ob jeder Pg seiner Ablieferungspflicht nachgekommen ist.

(Aufforderung des Flüchtlingskommissars Fürth am 28.11.1945)

Displaced persons

Die Versorgung der „Displaced persons", der heimatlosen Personen, die durch die Kriegswirren nach Deutschland gekommen waren und häufig viele Jahre in Gefängnissen oder in Konzentrationslagern hatten verbringen müssen, bereitete besondere Probleme. Nach Ende des Krieges blieben viele noch in zentralen Lagern, weil ihre Zukunft ungewiß war. Zunächst nahmen sich die bis auf die Knochen abgemagerten Menschen, was sie an Lebensmitteln und Wertgegenständen fanden. Dann übernahmen Hilfsorganisationen, zum Beispiel jüdische Komitees, die Betreuung und Versorgung mit Lebensmitteln und Medikamenten. Unmut und Aggressionen entwickelten sich, als die hungernden Deutschen spürten, daß DPs besser versorgt wurden und sie hochwertige Lebens- und Genußmittel aus Hilfslieferungen auf dem Schwarzmarkt veräußerten. Schlägereien und Überfälle waren an der Tagesordnung.

Zusätzliches Unglück

Kältewinter 1946/47

Eine eisige Kälte verschärfte die miserablen Wohn- und Lebensbedingungen der Menschen im Dezember 1946 und Januar/Februar 1947. Mitte Dezember sanken die Temperaturen auf minus 15–20 Grad und stiegen bis Ende Februar nur an wenigen Tagen wieder über den Gefrierpunkt.

Der zwei Monate währende bittere Frost traf eine meist stark unterernährte Bevölkerung ohne ausreichendes Brennmaterial, ohne winterfestes Schuhwerk und ohne warme Kleidung. In den beschädigten Häusern mit ihren zugigen Fenstern und Türen und ohne ausreichende Verglasung froren die Menschen erbärmlich. Der Frost sprengte die Wasserleitungen, in den Kellern, ja selbst in den Wohnungen erfroren die Winterkartoffeln. Gläser mit Eingemachtem platzten vor Frost. Das dürftig ausgegebene Heizmaterial erlaubte im allgemeinen nicht, mehr als einen Raum zu heizen. In den Schlafzimmern sank die Temperatur auf null Grad oder weniger ab, die Fensterscheiben waren wochenlang mit „Eisblumen" belegt, in der Küche, dem einzig beheizten Raum der Wohnung, stieg die Zimmertemperatur tagsüber selten über 10 bis 12 Grad. Vielfach trugen die Menschen alles am Leibe, was sie an Kleidungsstükken besaßen. Häufig ließen die Mütter ihre Kinder den ganzen Tag im Bett, weil dies der wärmste Ort der Wohnung war. Im Dezember wurde in vielen Großstädten ohne vorherige Ankündigung der Strom für mehrere Stunden abgestellt, weil die Kraftwerke nicht die nötige Menge Kohlen erhielten, um den Betrieb aufrechtzuerhalten.

Die Ruinen wurden nach „Trümmerholz" durchsucht, in den Wäldern klaubten die Menschen unter der Schneedecke Reisigholz und Tannenzapfen zusammen. Alle Holzteile, die sich nicht zur Ausbesserung von Möbeln, Fußböden und Fenstern eigneten, wurden verheizt. Über Nacht verschwanden Treppengeländer in den Mietshäusern. Tore, Absperrungen von Sportplätzen und ganze Gartenzäune landeten im Küchenofen. Der Transport von Waren und Gütern kam fast zum Erliegen.

In der amerikanischen Zone wurden 75 % der Industrieanlagen stillgelegt. Es war ein gnadenloser Kampf gegen Hunger und Kälte. In den Großstädten, besonders in den Notunterkünften wie Bunkern, Behelfsheimen und Lauben in Kleingärten, wurden Hunderte von Kältetoten registriert. Die Zahl der durch Hunger entkräfteten, durch Krankheiten besonders anfälligen Menschen, die in dem Kältewinter in Deutschland starben, wird auf 20 000 geschätzt. Auch die Überlebenschancen der Neugeborenen waren gering. Die Todesrate lag bei 12 %.

Nach dem langen Kältewinter folgte im Sommer eine extreme Trokkenheit. Schwere Unwetterschäden und Hagelschläge vernichteten in Bayern im August 1946 ca. 30 % der Hafer-, Gerste- und Weizenernte.

Christkindlesmarkt und Weihnachten

Das erste Friedensweihnachtsfest verbrachten die Überlebenden des Krieges in einer Trümmerlandschaft, bei Kälte und in einer weit verbreiteten Hoffnungslosigkeit. Erst in den folgenden Jahren konnten die Verbraucher mit geringen Mengen Sonderzuteilungen wie Mehl, Zucker und Fett rechnen. Der Schwarzmarkt bot jedoch alles, was das Herz begehrte, sogar Tannenbäume und Christbaumschmuck.

Nürnberger Christkindlesmarkt

Die Chronik der Stadt Nürnberg vom 1. April 1945 bis 31. März 1950 verzeichnet:

Im Dezember 1946 und 1947 wurde der Christkindlesmarkt in bescheidenem Rahmen am Frauentorgraben abgehalten.

Am 3. Dezember 1948 konnte der Christkindlesmarkt in traditioneller würdiger Form auf dem Hauptmarkt eröffnet werden. Es spielte ein Posaunenchor des CVJM, und Schulkinder sangen an der Krippe Weihnachtslieder. Zwischen dem 13. und 17. Dezember wurden arme Kinder beschert. (...) Das Angebot der Waren bestand aus Lebkuchen und Süßigkeiten, Rauschgoldengeln und Spielzeug.

Im Dezember 1949 war das Angebot schon üppiger, wie ein Begleitheft zum Christkindlesmarkt zeigt. Folgende Firmen inserierten mit Annoncen: Als Weihnachtsgeschenke wurden *HERKULES*-Jugendräder angeboten, das *Möbelhaus* Hans Hess empfahl Klein-

Donau-Kurier, 24.12.1946
„Stille Nacht" – auf englisch

Fünfzig kleine Mädchen, die blassesten und magersten aus einer Schule in Ingolstadt, warteten auf die Bescherung, die ihnen Major Hough und Leutnant Wade von der Militärregierung bereiteten. Sie brachten Schokolade, Drops, Kaugummi, Mundharmonikas und Okarinas mit. Als besondere Aufmerksamkeit für die amerikanischen Gäste sangen die bayerischen Dirndl das liebe deutsche Weihnachtslied „Stille Nacht, heilige Nacht" auf englisch.

Amtsblatt Weilheim, 11.12.1945
Jedem Haushalt ein Backpulver

Jeder Haushalt kann zu Weihnachten ein Päckchen Backpulver und ein Päckchen Vanillezucker beziehen.

und Polstermöbel, die *Nürnberg-Fürther Apotheken* warben: „Geld verplempern ... sinnlos – Gesundheit schenken ... sinnvoll". MAIZENA bot die kostenlose Zusendung von Rezepten für die Weihnachtsbäckerei an. Auch der Herrenlikör *NORIS CORDIAL* war nun wieder zu haben: „Wir haben auf ihn gewartet ... wie Ihr. Er wird uns schmecken ... wie Euch!"

Lebkuchen nach Rußland
Ein Mitarbeiter des Roten Kreuzes aus Nürnberg, der im Suchdienst arbeitete und Kriegsgefangene in Rußland mit Briefen und Päckchen versorgen konnte, berichtet:
Seit Ende 1947 wurden Pakete an namentlich bekannte Kriegsgefangene geschickt. Fast alle, 98 Prozent, sind angekommen. Rotes Kreuz und die Stadt Nürnberg taten sehr viel für ihre Mitbürger in der Sowjetunion, so daß die gebürtigen Nürnberger dort bald als privilegierte Klasse galten. Mit Zigarren aus einer großzügigen Spende konnten sie sich fast alles eintauschen. Als später sogar original Nürnberger Lebkuchen geschickt wurden, waren die russischen Offiziere ganz wild auf die – leeren – Lebkuchendosen.
(Trümmerjahre, 1985)

Ein Jahr lang keinen Zucker
Mit Beginn der 88. Lebensmittel-Zuteilungsperiode am 29. April 1946 erhielt die Bevölkerung in Nürnberg erstmals nach dem Kriege wieder eine Zuckerzuteilung von 125 Gramm pro Kopf.

Knochenharte Lebkuchen

In Nürnberg gab es monatelang keinen Zucker. Von der ersten Zuteilung sparte meine Mutter an einem geheimen Ort – es war im hintersten Winkel des Kleiderschrankes – ein Tütchen für Weihnachten auf.

Die Lebkuchen, die es dann zu Weihnachten gab, waren knochenhart, kaum süß, aber wir haben sie wie ein Geschenk des Himmels verzehrt. Meine Tante konnte sich nicht verkneifen, von echten Elisen-Lebkuchen zu schwärmen, die mindesten aus 25 % Mandeln, Hasel- oder Walnüssen bestanden und nicht mehr als 10 % Mehlanteil haben durften. Sonstige Zutaten waren Eier, Honig, Marzipan, Orangeat, Zitronat und Sternanis.

(Karin P., Nürnberg)

Weihnachtsgebäck im Februar

Brief der Hauptkartenstelle Nürnberg an Frau Christel K. vom 12.2.1948:

„Ihrer Karte vom 6.2.48 ist zu entnehmen, daß Sie das vorbestellte Weihnachtsgebäck noch nicht erhalten haben. Für das Weihnachtsgebäck müßten Sie sich von dem Lebensmittelgeschäft, bei dem Sie vorbestellt haben, eine Bestätigung geben lassen, daß dort noch Weihnachtsgebäck vorrätig ist. Auf Grund dieser Bestätigung siegelt dann Ihre zuständige Kartenstelle die Kleinabschnitte III für Brot der Kleinstkinderkarte der 111. Zuteilungsperiode ab, und Sie können dann mit diesen Marken das Weihnachtsgebäck auch jetzt noch beziehen."

(StA Nürnberg Sign. C 28/32)

Amtsblatt Weilheim, 28.12.1945

Lebensmittel für KZ-Häftlinge

Als Sonderzuteilung erhalten alle ehemaligen KZ-Häftlinge und politisch Verfolgte, die länger als 6 Monate in KZ-Haft waren:

1 kg Mehl, 400 g Fett, 600 g Nährmittel, 400 g Zucker, 500 g Marmelade, 500 g Trockenmilch und 2 Stück Eier.

Fuchs, du hast die Gans gestohlen

Bericht aus einem Flüchtlingslager in Neugablonz bei Kaufbeuren im Allgäu:

Um Weihnachten 1946 saß Ernst H. in seiner Werkstatt bei der Arbeit. Da hörte er plötzlich ein schleifendes Geräusch. Er blickte zum Fenster hinaus und glaubte, seinen Augen nicht zu trauen. Da schleppte doch ein Fuchs eine ausgewachsene Gans vorbei! So schnell er laufen konnte, rannte er ins Freie, um dem Fuchs seine Beute abzujagen. Leider vergeblich! Der Fuchs war trotz seiner Last, die er schleppen mußte, viel schneller. Er verschwand in einem der vielen unterirdischen Kellerlöcher, die Gans mit ihm. Aus war der Traum vom Festtagsbraten!

(Neugablonz)

Donau-Kurier, 12.12.1947

Weihnachtspäckchen für Kinder

Als Ersatz für die während der Weihnachtsferien ausgefallene Schulspeisung erhalten alle Schüler, auch Berufsschüler, in Ingolstadt eine Gabe. Jedes Päckchen wird einige Pfund schwer sein, einen Wert von 4.000 Kalorien haben und u. a. Kakao, Schokolade, Lebkuchen, Drops und eine „Dinner-Packung" enthalten. Diese Weihnachtsbescherung wird ein wirkliches Geschenk sein, denn kein Schulkind braucht etwas zu bezahlen, während sonst die Schulspeisung täglich 20 Pfennige kostet.

Kartoffelmarzipan

250 g Grieß
250 g Puderzucker
2-3 gekochte, geriebene Kartoffeln
Mandelöl oder Aroma

→ **Alles gut vermischen und zwei Tage stehenlassen, dann kleine Kugeln formen.**

Falsches Marzipan

125 g Zucker
2 Eßl. Wasser
250 g frisch gekochte Salzkartoffeln
Mandelaroma

→ **Zucker und Wasser aufkochen, die frisch gekochten und durch die Kartoffelpresse gegebenen Kartoffeln zugeben und rühren, bis sich die Masse vom Topfboden löst. Nach dem Abkühlen das Aroma mit der Masse gut verkneten. Das Kartoffelmarzipan eignet sich zum Füllen von Kuchen. Oder man formt kleine Kugeln und wälzt sie in etwas Kakaopulver und schlitzt sie oben etwas ein. Vom Geschmack erinnern diese Kugeln an echte Marzipankartoffeln.**

Lebzelten

→ **Ein Ei mit 100 Gramm Zucker schaumig rühren, einen Eßlöffel lauwarmen Rübensirup zugeben und mit Pfefferkuchengewürz vermengen. Als Mandelersatz feingemahlene Kürbiskerne zugeben, alles gut vermengen und 280 Gramm Mehl und eine Messerspitze Hirschhornsalz einarbeiten. Den Teig auf ein Blech streichen, mit Kürbiskernen oder Nüssen belegen und bei mittlerer Hitze im Rohr backen und danach in Stücke schneiden.**

Falsches Nougat-Konfekt

4 Eßl. Mondamin
125 g Puderzucker
125 g Butter oder Margarine
3 Eßl. Kakao
einige Tropfen Rumaroma

→ **Alle Zutaten mischen und verkneten, zu Kugeln oder Konfektstückchen formen und kühl stellen. Diese Süßigkeit war zu Weihnachten sehr beliebt.**

Weihnachtsstollen mit Marmeladenfüllung

300 g Mehl
1 Päck. Backpulver
60 g Zucker
1 Päck. Vanillezucker
1 Päck. Puddingpulver
60 g Fett
6 Eßl. Milch oder Wasser
125 g Marmelade

→ **Mehl und Backpulver mischen und sieben. In eine Vertiefung Zucker, Vanillezucker, Puddingpulver und Fett hineingeben, alles mit der Flüssigkeit verkneten, bis sich der Teig ausrollen läßt. Die Hälfte des Teiges in eine Stollenform geben, die Marmelade einfüllen und mit dem restlichen Teig bedecken. Bei guter Mittelhitze etwa 35 Minuten backen und den heißen Stollen mit Zucker bestreuen.**

Weihnachtswunsch mit Hintergedanken

Ich schenke dir zwei Fensterscheiben
zum Weihnachtsfest und fünf Brikett. Dein
Zimmer soll stets mollig bleiben, kein
Windhauch streife je dein Bett.

Desgleichen für dein Festtagsessen
noch Fleisch, zweihundert Gramm von
mir, daran magst du, mein Kind, ermes-
sen, uneigennützig dien ich dir.

Nimm auch von meiner Raucherkarte
ein Dutzend Zigaretten hin,
die ich mir schwer vom Munde sparte.
Sag selbst, ob ich nicht heldisch bin.

An Schiebern wäre diese meine Gabe,
im Wert gemessen, wie ein Nerz,
die ich dir heut gegeben habe –
und obendrein mein ganzes Herz.

Nun will ich Kitt organisieren –
für deine Fenster noch ein Pfund.
Du sollst in diesem Jahr nicht frieren,
ich hoffe, du bleibst hübsch gesund.

Ich las einmal im Brehm, die Pferde,
die wärmen gegenseitig sich.
Gott gebs, daß es mit uns so wäre:
Wenn' s kalt wird, revanchiere dich ...

(Robert T. Odemann)

Keine Osterfreuden

Die Bevölkerung empfindet es als hart, daß sie den Kindern heuer nicht einmal ernährungsmäßig eine Freude bereiten kann.

(Berichte Garmisch, März 1948)

Helle Ostereier

2 Kekse (etwa 50 g)
2 Kartoffeln
1–2 Eßl. Zucker
Bittermandel- oder Rum-Aroma

➔ **Die Kekse auf einer feinen Reibe zerkleinern, die tags zuvor gekochten, gepellten Kartoffeln reiben und zugeben. Zucker und Aromen zugeben. Evtl. einige Tropfen Wasser zugeben. Mit einem Teelöffel kleine Eier formen und in etwas Zucker wälzen.**

Osterkuchen

125 g Mehl
4 Teel. Backpulver
125 g Graupen oder Grütze
130 g Zucker
12 Eßl. Molke
Aroma nach Geschmack
1 Teel. Fett

➔ **Mehl und Backpulver mischen und sieben. Graupen oder Grütze durch die Kaffeemühle drehen. Die Hälfte des Zuckers mit 4 Eßlöffeln Molke aufkochen, abkühlen lassen, danach den restlichen Zucker, Grütze, Molke und Aroma zugeben. Alles gut verrühren, in eine gefettete Springform füllen und ca. 40 Minuten bei guter Mittelhitze backen.**

Sirup-Bonbons

1 1/2 gestr. Eßl. Mehl
4 Eßl. Wasser oder kalter Kaffee (Ersatz)
125 g Zucker
4 Eßl. Sirup oder Melasse
1 Eßl. Fett

➔ **Mehl mit Wasser glattrühren, Zucker und Sirup bzw. Melasse zugeben und alles unter ständigem Rühren ca. 20 Minuten kochen lassen. Eine Porzellan- oder Glasplatte einfetten und die warme Bonbonmasse darauf verteilen. Kurz vor dem Erstarren die Masse mit einem in kaltes Wasser getauchten Messer in Würfel schneiden.**

„Nee, nee, meine Liebe, was ich nicht kenne, esse ich nicht!"

Kleine Freuden

Essen im Lokal

Kästner im „Fischerstüberl" in Schliersee

Tagebucheintrag von Erich Kästner, Schliersee, 29. Juli 1945:
Nun sind wir schon drei Wochen in Schliersee und haben die erforderlichen Papiere ergattert: die Aufenthaltsbewilligung, die Lebensmittelkarte, die Haushaltskarte und sogar die Sonderzuteilungskarte für Arbeitende. Wir holen Milch, wir holen Kartoffeln, wir holen in den Gasthöfen Bier und Suppe, wir pflücken an den Hängen überm Ort Himbeeren, wir stehen im Rathaus wegen der Kennkarte an, kurz, wir sind, ohne etwas zu tun, wieder einmal von früh bis spät beschäftigt. Das Leben zu fristen, frißt Zeit. Manchmal werden wir größenwahnsinnig, opfern eine Fleischmarke und essen, als herrschten normale Zustände, im „Fischerstüberl" zu Mittag.

Zehn Mark Pfand für ein Bierglas

Geschirr war kostbar, häufig mußte sich eine vierköpfige Familie mit zwei Tellern und drei Gabeln begnügen. Ging man in ein Gasthaus, so bezahlte man 10 Mark Pfand für ein Bierglas, und eine Tasse „Muckefuck", d. h. Malzkaffee, kostete 5,30 Mark. Fünf Mark Pfand und 30 Pfennige für das fast geschmacklose Getränk.

(Kurt P., München)

Gefüllte Brötchen als Festtagsessen

→ **Pro Person 1 bis 2 Rundsemmeln abreiben, Deckel abschneiden und aushöhlen. Für 4 Semmeln 100 Gramm Hackfleisch in 15 Gramm Fett anrösten, mit etwas Mehl binden und je nach Vorrat Tomatenmark, geraspelte Möhren oder geputzte Pilze zugeben und kräftig abschmecken. Semmeln etwas anfeuchten und in eine Backform geben. Fleischteig einfüllen, Deckel aufsetzen und 30 Minuten backen.**

Kartoffelstangen

50 g geriebene, gekochte Kartoffeln
50 g Fett
50 g Mehl
Salz
etwas geriebener Käse
Eigelb zum Bestreichen

→ **Kartoffeln, Fett, Mehl und Salz schnell miteinander zu einem Mürbeteig verarbeiten, auf einem bemehlten Brett ausrollen, Streifen ausschneiden, diese zweimal drehen, mit Eigelb und geriebenem Käse bestreuen und hellgelb backen.**

Brot- und Fleischmarken sind zur Feier mitzubringen

Wir beehren uns, Sie zu der am Samstag, den 2. März 1946 stattfindenden

Hochzeitsfeier

ergebenst einzuladen.

Morgensuppe 9 Uhr im Gasthaus Sontheim, Parsberg
Trauung 10 Uhr in der Pfarrkirche zu Parsberg,
anschließend Hochzeitsmahl im Gasthaus Sontheim, Parsberg

Mahlgeld einschließlich Bier 12.– RM. 300g Fleischmarken, 50g Fettmarken und 300g Brotmarken sind mitzubringen.

Das Brautpaar:

Ludwig Franz Kuchler
Lastfuhrunternehmer, Parsberg

Christl Hamacher
Landwirtstochter
Paffendorf (Erft) Bez. Köln

Überraschungsbrote

→ **Brotscheiben dünn mit Senf bestreichen und zusammenklappen. Aus Schmelzkäse, geriebenen, gekochten Kartoffeln, etwas Butter, einem Ei, Selleriesalz und Kräutern eine Paste herstellen und dick auf die Doppelbrote streichen. Kurz im heißen Rohr überbacken, aber nicht zu braun werden lassen, weil der Käse sonst bitter schmeckt.**

Mahnung

Der einladenden Hausfrau rate ich, beim Gast nicht allzusehr zu sparen, denn er soll ja fühlen, daß bei der Vorbereitung schon an ihn gedacht wurde und daß man sich in seine kleinen Wünsche und Sehnsüchte hineingefühlt hat.

Dem Gast ist zu raten, daß er sich nicht ausgehungert auf das gern Gebotene stürzt, sondern daß er es schon als das wertet, was es ist: die Gaumenfreude, die die geistigen Genüsse unterstreichen will.

(Einleitung zum Kapitel „Gäste bei uns zu Haus" – in Boruttau, Gute Kost)

Gutschein für Kuchen

Wenn einer von uns Geburtstag hatte, wurde ein Kaffeekuchen gebacken. Er bestand aus Kaffee-Ersatzmehl, Getreideschrot oder sonstigem Mehl, Süßstoff oder Zucker. Der fertig gebackene Kuchen bekam eine Füllung aus Pudding mit Magermilch. Die Zutaten mußten wir wochenlang sammeln. Jeder trug etwas dazu bei. Wenn wir trotzdem nicht genügend Zutaten fanden, gab es einen Gutschein für den Kuchen, und das Backen mußte aufgeschoben werden.

(Frau K., Amberg)

Sattmacher-Kartoffelsalat

1 kg Pellkartoffeln
750 g Weißkohl
1/2 l Wasser
30 g Mehl
2 Zwiebeln oder 1 Stange Lauch
2 Eßl. Essig
einige Tropfen Öl
Zum Abschmecken: Salz, Zucker, Senf

→ **Wasser aufkochen lassen, Mehl einrühren und einige Minuten durchkochen lassen. Gewürze und feingeschnittene Zwiebel zugeben und in dieser Masse die in Scheiben geschnittenen heißen Pellkartoffeln unterheben. Den sehr feingeschnittenen Weißkohl zugeben und alles vorsichtig vermengen. Das Gericht noch warm servieren.**

Hilfen von außen

In Deutschland wäre es zu einer katastrophalen Hungersnot und einem Massensterben gekommen, wären die Hilfslieferungen aus aller Welt ausgeblieben. Nicht nur bekannte Institutionen wie Rotes Kreuz, Quäker, Kirchen, Gewerkschaften, Parteien oder Unternehmen wie CARE, Schweizer Spende und Schwedenspeisung halfen, die Not zu lindern, sondern auch kleine Gemeinden und Vereine in verschiedenen Ländern beteiligten sich an Hilfsaktionen. Eine Sendung Seife aus Südafrika konnte an Heimkehrer gegeben werden, und Blinde erhielten Kekse und Zucker aus Irland. In Norwegen gab es Gruppen, die Holzschuhe sammelten und nach Deutschland verfrachteten. Garn, Stopfwolle, Nadeln, Stoffreste und Schuhleder kamen aus der Türkei und konnten in Näh- und Schusterwerkstätten an Bedürftige vergeben werden. In den Vereinigten Staaten luden am 27. November, dem „Thanksgiving Day", Familien einen „stillen Gast" ein, das heißt, sie spendeten Lebensmittel für irgend jemanden in Europa. Familiäre Verbindungen ließen sich wieder knüpfen. Der „reiche Onkel aus Amerika", der meist ein „armer Onkel" war, überraschte mit einem Paket gebrauchter Kleidung. Schulkinder in Schweden übernahmen Patenschaften für deutsche Schulklassen und schickten Schulhefte, Tuschkästen und Buntstifte. Über Künstlerorganisationen erreichten Emigranten, daß Farben, Pinsel, Schablonen und Malzeug an Künstler und Hochschulen geschickt wurden.

Hilfe für hungernde Augsburger

Mitte Juli 1945 ist es gewesen, als die „große Speisungsnot und unglaubliche Lebensmittelnot" den Caritas-Verband zwang, in Mittelschwaben eine Lebensmittelsammlung durchzuführen – „mit Fahrrad

Donau-Kurier, 2.8.1946
Getreide für Bayern

28.000 t Lebensmittel, hauptsächlich Getreide für die US-Zone in Bayern, die von vier amerikanischen Frachtern eingebracht wurden, werden zur Zeit in Bremen gelöscht.

und Ochsenfuhrwerk". Der Bahnhofsdienst Augsburg betreute von Mai bis Dezember 1945 33.000 wandernde und durchreisende Menschen. 1946 sind es Frauen von Liechtenstein, die ersten, die den Augsburgern halfen. Sie sandten 109 Kisten und 42 Säcke mit Lebensmitteln und Wäsche, Betten und Hausrat. Im Juni 1946 gelangte die erste große Liebesgabensendung aus Amerika nach Deutschland: 600 Zentner Kondensmilch und Fleisch.

(Trümmer, Augsburg)

Gertrud hilft

Die Schriftstellerin Gertrud von le Fort, die in diesem Jahr den Literaturpreis der Stadt München erhielt, las in mehreren Städten der Schweiz zugunsten notleidender deutscher Kinder und Studenten aus ihren Werken. Sie hat einen Teil der Erlöse aus ihren Vortragsabenden dem Bayerischen Roten Kreuz für besonders bedürftige Kinder zur Verfügung gestellt.

(Regenbogen, Nov./Dez. 1947)

CARE

Als Sammelbegriff für eine heiß begehrte Hilfslieferung bürgerte sich der Name CARE ein. CARE stand für Cooperative for American Remittances to Europe. Im November 1945 hatten sich insgesamt 22 Verbände, darunter Quäker, Mennoniten, die Church of Brothers, auch Gewerkschaften und die Heilsarmee, in New York zu der Arbeitsgemeinschaft CARE zusammengeschlossen, um den Menschen im zerstörten Europa zu helfen. Zunächst waren die Deutschen ausgeschlossen, weil sie „dem Hitlerregime Gehorsam" geschworen hatten. Deutschstämmige Amerikaner erreichten ein Abweichen von dieser harten Linie.

Bis März 1947 bestanden die Pakete aus eingelagerten amerikanischen Armeerestbeständen, denn der Pazifikkrieg war früher als angenommen beendet worden. Als die 2,8 Millionen Feldrationen aufgebraucht waren, entwarf CARE eigene Paketzusammenstellungen, die Fleischkonserven, Kochfett, Zucker, Trockenmilch, Mehl, Schokolade, Seife, Kaugummi und Zigaretten enthielten. Später gab es auch Pakete mit Wolldecken, Nähzeug, Kleidung und Schuhen. Bis November 1949 kamen fünf Millionen CARE-Pakete mit je einem Gewicht von 25 Kilogramm zur Verteilung.

Amerikanische Staatsbürger konnten durch Einzahlung von 15 Dollar ein Paket für ihre Verwandten oder Bekannten in Deutschland bestellen. Darüber hinaus war es Amerikanern auch möglich, CARE-Pakete ohne direkte Bestimmung des Empfängers nach Deutschland schicken zu lassen. Diese Pakete wurden über Kirchen und Wohlfahrtsorganisationen an Bedürftige verteilt.

Donau-Kurier, 20.5.1947

CARE-Pakete für Bayern

Mehr als 125.000 CARE-Pakete wurden bis jetzt aus den Vereinigten Staaten nach Bayern geliefert. Den privaten bayerischen Wohlfahrtsverbänden wurden weitere 4.000 CARE-Pakete zur Verteilung an besonders hilfsbedürftige Personen zu Verfügung gestellt.

Das Ende der Not – Die Währungsreform

Die Währungsreform

Es waren aufregende Tage, die jedem Deutschen in Erinnerung geblieben sind.

Am Abend des 18. Juni 1948 teilte der oberste Finanzberater der amerikanischen Administration, Jack Bennett, der deutschen Bevölkerung über den Rundfunk mit: „Die neue Währung heißt Deutsche Mark (...) Jeder wird haushalten müssen, und jeder soll sich bei seinen Einkäufen ernstlich überlegen, ob die Ware den geforderten Preis auch wirklich wert ist."

Am Sonntag, den 20. Juni 1948 von 8 bis 12 Uhr und von 14 bis 20 Uhr erhielt jede Person, die vor dem 20. Juni 1948, 20 Uhr, geboren war, gegen 60 Mark alter Währung 40 Mark neuer Währung. Der Rest von 20 Mark wurde später ausgezahlt. Restliches Altgeld blieb vorerst mit einem Zehntel des Wertes in Kraft.

Am 21. Juni 1948 hatten die Deutschen endlich das neue Geld. Tauschhandel und Schwarzmarktgeschäften war damit die Grundlage entzogen. Jetzt galt wieder gutes Geld gegen gute Ware. Über Nacht füllten sich die Regale der Läden, und fassungslos standen die Menschen vor prall gefüllten Schaufenstern. Die meisten gaben das neue Geld für Waren aus, die sie am längsten und schmerzhaftesten vermißt hatten – für das Essen. Das Geld schmolz jedoch schnell dahin, die Löhne waren niedrig, und die Preise, gemessen an den staatlich verordneten Festpreisen vor der Währungsreform, extrem hoch. Während die Geldbörse immer magerer wurde, merkten die Menschen, daß ihre Körperformen sich rasch rundeten. Hatte man im Hungerwinter 1946/47 bei Männern noch zwölf Kilo und bei Frauen neun Kilo Untergewicht festgestellt, so stieg das Durchschnittsgewicht in wenigen Wochen nach der Währungsreform bei Männern um eineinhalb, bei Frauen um ein Kilo.

Die Freßwelle
Wer wollte es den kleinen Genießern verargen, daß sie sich nach all den Hungerjahren wie die Schlemmer auf Peter Breughels Bauernbildern den Magen füllten. Endlich gab es genügend Butter, Schweinebraten, Schinken und lang entbehrte Delikatessen.

(Frank, Die fünfziger Jahre)

Wettessen bis zum Umfallen
Landauf, landab fanden Wettessen statt. Die in den fünfziger Jahren beliebte Unterhaltungssendung des Bayerischen Rundfunks „Die Weißblaue Drehorgel" berichtete über eine Weißwurstweltmeisterschaft. Nach der Melodie „Geh weg von mein Fenster" sangen die drei „Tonmixer":

„Beim Reichenbächer´s Heiner, do draußen auf der Höh´,
Do hamm`ßa neulich g´fressen, das war gar nimmer schee.
A Schüssel voller Weißwärscht, für Ann des war a Graus.
Kaum war´n die Dinger drinna, wor´ns a schon wieder raus".

(Protzner, Vom Hungerwinter)

Gedanken zur Währungsreform

Sie gilt als Wendepunkt der Nachkriegsgeschichte und Beginn des Wirtschaftswunders. Tatsächlich war sie noch mehr, nämlich auch ein gesellschaftspolitischer Einschnitt. (...) Riesenhafte Vermögen gingen praktisch über Nacht verloren, weil die Währungsreform alle Geldwerte im Verhältnis 10:1 zusammenstrich.

Wer den Alten vorwirft, sie hätten die Chancen der Stunde Null besser nutzen sollen, übersieht auch die damalige Ausnahmesituation. Essen, Trinken, Anziehen, Wärmen standen in einer so beherrschenden Weise im Vordergrund, daß jeder weiterführende Gedanke einem intellektuellen Luxus gleichkam, den man sich ohne schlechtes Gewissen nicht leisten konnte. Mit knurrendem Magen und kalten Füßen, bei Stromsperre im dunklen Zimmer und bei ausgehendem Ofen läßt sich nur sehr unvollkommen über eine gerechtere Gesellschaftsordnung nachdenken. In Ausnahmesituationen konzentriert sich alles auf das Nächstliegende, und das waren nicht Ideen zur Beglückung der Menschheit, sondern Pellkartoffeln und Bratheringe.

(Grube / Richter – Vorwort von Arno Surminski)

Schon mit dem ersten Kinderschrei
beginnt das ewge Einerlei:
Das Essenwollen – sollen – müssen,
von Muttermilch bis zu Genüssen,
die teils bekömmlich, teils auch nicht –
dies fällt nicht weiter ins Gewicht.
Wir brauchen drum nicht weiter fragen,
fest steht: Wir leben für den Magen!
Er ist's, um den sich alles dreht,
solange diese Welt besteht,
ja, selbst die Liebe geht durch ihn,
drum allein sei ihm verziehn,
daß er die erste Geige spielt –
denn wer von uns hat nicht gefühlt,
wie seine Leere uns bedrückt,
bis es nur einen Ausweg gibt:
Zu füllen ihn um jeden Preis,
ob Baby, Jüngling oder Greis.
Weil nur bei gut gefülltem Magen
durchströmt den Körper ein Behagen.
Wo wir zu neuen Taten schreiten
und große Dinge vorbereiten.
Drum wolln wir ihm das Seine geben
und möglichst gut und lange leben.
Kommt dann der Tod und holt uns auch –
wenn schon – dann nur mit vollem Bauch!

Alphabetisches Verzeichnis der Rezepte

Literaturverzeichnis

Zitierte Literatur

Bamberg 1945–1949. Aspekte eines Neubeginns, Bamberg 1988

Bauer, R. – Ruinen-Jahre – Bilder aus dem zerstörten München 1945–1949, München 1983/88

Beyerlein, Luise – „Normalverbraucher", Neustadt / Aisch 2000

Boelke, Willi A. – „Der Schwarz-Markt" 1945–1948 – Vom Überleben nach dem Kriege, Braunschweig 1986

Broschüren: „Christkindles-Markt vom 4.-24.12.1948 o. J. und „Nürnberger Weihnachtskatalog 1949" o. J.

Driesel, Hans – Schweinfurt – Vom Schwarzen Markt zum Wirtschaftswunder, Neustadt/Aisch 1999

Erinnerte Geschichte – Frauen aus Mönchengladbach schreiben über Kriegs- und Nachkriegszeit 1940–1950, Mönchengladbach 1993

Erker, Paul – Ernährungskrise und Nachkriegsgesellschaft – Bauern und Arbeiterschaft in Bayern 1943–1953, Stuttgart 1990

Ernst, Wilhelm – Zur 900-Jahrfeier Heimatbuch Oberhaunstadt, Eichstätt 1987

Erwert, Helmut – Feuersturm, Zigarettenwährung und Demokratie, Straubing 1998

Fehlberg, Elsbeth – Nürnberger Lebkuchen, Nürnberg 1946

Frank, Dieter (Hrsg.) – Die fünfziger Jahre, München u. Zürich 1981

Fuchs, Susanne – „Frauen bewältigen den Neuaufbau" – Eine lokalgeschichtliche Analyse der unmittelbaren Nachkriegszeit am Beispiel Bonn, Pfaffenweiler 1993

Göhl, Walter – Mancherley Öl ich zubereit ..., Bonn 1991

Gries, Rainer – Die Rationen-Gesellschaft – Versorgungskampf und Vergleichsmentalität: Leipzig, München und Köln nach dem Kriege, Münster 1991

Grube, Frank u. Richter, Gerhard – Flucht und Vertreibung – Deutschland zwischen 1944 und 1947, Hamburg 1980

Hane, Helmut – Kindheit in Köln, Köln 1989

Hoegner, W. – Der schwierige Außenseiter, München 1959

Jünger, Ernst – Jahre der Okkupation, Stuttgart 1958
Jürgens, Curd – … und kein bißchen weise, Locarno 1976
Kadelbach, Dr. Gerd – Die mageren Jahre – Tagebuch eines unterfränkischen Landlehrers 1945/46, Weinheim/Bergstr. o. J.
Kästner, Erich – Notabene 45 – Ein Tagebuch, Zürich 1961
Klinger, Fred – Braugewerbe und Braukunst mitten in Bayern, Ingolstadt 1997
Klotz, Spies, Welsch – Kriegsende in Aschaffenburg, Aschaffenburg 1995
Kolbinger, Willihard – Eine politische Geschichte der bayerischen Kreisstadt Pfaffenhofen a. d. Ilm von 1945 bis 1996, Pfaffenhofen o. J.
Kratz, Matthias u. Kummer, Bernd – Ein Rucksack voll Geschichten – Lebensgeschichten aus dem Landkreis Garmisch-Partenkirchen, Garmisch-Partenkirchen 1997
Kunze, Karl – Kriegsende in Franken und der Kampf um Nürnberg im April 1945, Nürnberg 1995
Liedtke, Max – Handbuch der Geschichte des Bayer. Bildungswesens Band III, Bad Heilbrunn 1987
Macht, Rudolf – Vorabdruck IV. Band der Geschichte der Hofer Arbeiterbewegung, Hof o. J.
Meister, M. – So fing es wieder an, München 1986
Mielke, Corinna – Versorgungsprobleme der Stadt Nürnberg 1945–1948 – Magisterarbeit Ludwig-Maximilian-Universität München 1985
Nauderer, Hans – Eingliederung und Wiederaufbauleistung der Flüchtlinge und Heimatvertriebenen in Ingolstadt, Ingolstadt 1986
Neugablonz, Schwäbisch Gmünd 1986
Protzner, Wolfgang (Hrsg.) – Vom Hungerwinter zum kulinarischen Schlaraffenland, Wiesbaden 1987
Stadtmüller, Alois – Aschaffenburg nach dem Zweiten Weltkrieg, Aschaffenburg 1973
Trees, Whiting, u. Omansen – Drei Jahre nach Null – Geschichte der britischen Besatzungszone, Düsseldorf 1978
Trümmer, Jeeps und leere Mägen – Chronik der Stadt Augsburg 1945–1948, Augsburg 1995
Wagner, D. – München 45 – Zwischen Ende und Anfang, München 1970
Walther, Günter – Miesbach 1945–1949, Miesbacher Hefte 1990
Welser, Karl – Überlebenskraft im Berchtesgadener Land 1945–1955, Bad Reichenhall 1990

Amtliche Mitteilungen, Zeitungen

Trümmerjahre 1945–1950 – Sonderdruck Nürnberger Nachrichten, 1985
Amtliche Bekanntmachungen für den Landkreis Weilheim, 1945/1947
Amtliche Mitteilungen für den Stadt- und Landkreis Ingolstadt, 1946–1948
Amtliches Mitteilungsblatt der Behörden des Landkreises Wolfratshausen (Loisach und Isar-Bote), Jg. 1945/46
Berichte der Marktgemeinde Garmisch-Partenkirchen an die Militärregierung – Sicherheitsoffizier, 1945–1948
Der Regenbogen – Zeitschrift für die Frau – München, 1947
Donau-Kurier, Ingolstadt, 1946–1947
Fünf Jahre Rotkreuzarbeit – Leistung und Rechenschaftsbericht Deutsches Rotes Kreuz 1945–1950
HEUTE – Eine illustrierte Zeitschrift – München, 1945
Mitteilungsblatt des Deutschen Roten Kreuzes – Landesverb. Rheinland 1948–1950
Mitteilungsblatt für den Stadt- u. Landkreis Bamberg, 1945
Mitteilungsblatt für die Ämter, Behörden und das Bürgermeisteramt Lohr, 18. Mai 1945
Natur und Nahrung – Zentralblatt für Drogen und Wildfrüchte, Jg. 1947–1949
Schwäbische Landeszeitung, 1948
Spiegel – spezial, 4/1995

Kochbücher, Rezepthefte

Anon. – Gute Soßen und Brotaufstrich mit wenig Fett, Berlin 1945
Anon. – Pilze – Ein nahrhaftes Essen, Köln 1946
Anon. – Wie koche, brate, backe ich zeitgemäß und doch schmackhaft und abwechslungsreich, Leipzig 1946
Anon. – Edelgemüse und Marmelade aus Zucker- und Futterrübe, Erfurt 1946
Anon. – Ernte ohne Saat – Wildgemüse im Haushalt, Berlin 1946
Anon. – Zeitgemäße Sparrezepte für die Hausfrau, Berlin 1946 und 1948
Bartel, Annemarie – Mit Verstand und Liebe – Ein Kochbuch für schlechte und gute Zeiten, Berlin 1948
Bergel, Gertrud – Das kleine Kochbuch, Rastatt / Baden u. Frankfurt/Main 1950
Bey, Hedwig – Kartoffelsorgen – was koche ich morgen? Wuppertal 1946
Beyers kleiner Backkurs, Leipzig 1948

Boruttau, Grete – Gute Kost in magerer Zeit, München 1946
Brüninghaus, Ilse – Die Wissenschaft im Kochtopf – Küchenchemie und Küchenphysik für das tägliche Leben nutzbar gemacht, Berlin 1947
Butz – Das lustige Kochbuch, Hamburg 1946

Crone, Elisabeth u. Stiefel, Charlotte – Kochbuch für unsere Tage, Stuttgart 1948
Erprobte Backrezepte, Ausgabe A/1 – Herausgegeben von AROMAX GmbH , Hamburg o. J.
Hennig, B. – Zusätzliche Ernährung aus Wald und Flur, Berlin 1948
Kochbuch für heute, Murnau u. München o. J.
Krause, Kurt – Wir sammeln Wildgemüse, Berlin o. J.
Lüders, Erika – 10 Pfund Eicheln sind 7 Pfund Eichelmehl, Berlin 1946
Runert, Margarete – 100 bewährte Kochrezepte für die Notzeit, Leipzig 1948
Schimmeck, Fritz – Das Kochbuch der Neuzeit mit dem deutschen Gewürzkräutergarten, Berlin o. J.
Stauffer-Otto, Maria – 46 zeitgemäße Kartoffelgerichte, Berlin 1946
Villforth, Gertrud – Das Neue Kochbuch, Köln 1951
Weber, Anna Maria – Zeitgemäßes Kochen, Tegernsee 1946
Zwerg, Martha – Schmalhans kocht trotzdem gut, Erfurt 1948

Verwendet wurden außerdem zahlreiche Rezepte aus Zeitungen und Zeitschriften der Jahre 1945 bis 1950 und Rezepte auf Beilage-Zetteln verschiedener Firmen (Oetker, Döhler, Isses, Wissol u. a.) sowie aus dem Archiv der Autorin.

Danksagung

Mein besonderer Dank gilt den vielen „Mitarbeitern" dieses Buches:

Frau Else Lehnen, Wachtberg-Villip
Fam. Simader, Weilheim
Frau Rose-Marie Wellnitz, Bonn
Frau Luise Beyerlein, Neustadt/Aisch
Frau Gerda Schupp-Schied, Appertshofen/Ries
Frau Margot Hampel, Schwaig
Frau Hannelore Rupprecht, Nürnberg
Frau Anneliese Dupont, Nürnberg
Herrn Thomas Hack, Berlin
Herrn Lutz Heck, Augsburg
Herrn Rudolf Macht, Hof/Saale
Frau Dr. L. K. Friedmann, Hof

Archive und Museen
Frau Elke Kiefer, Stadtarchiv Landsberg am Lech
Herrn Manfred Daser, Stadtmuseum Ingolstadt
Frau Marianne Balder, Stadtarchiv Wolfratshausen
Herrn Markus Hiermer, Stadtarchiv Erding
Herrn Franz Wörndle, Marktarchiv Garmisch-Partenkirchen
Herrn Bernhard Wöll, Stadtarchiv Weilheim i. OB
Frau Monika Kösterke, Stadtarchiv Stadt Traunstein
Herrn H. Salminger, 1. Bürgermeister Markt Mittenwald
Herrn Konrad Fendt, Schulmuseum Ichenhausen
Herrn Eduard Stenger, Städtisches Schulmuseum Lohr am Main
Herrn Dr. Fischer, Stadtarchiv Kaufbeuren
Herrn Carsten Pollnick, Stadt- und Stiftsarchiv Aschaffenburg
Frau Dorit-Maria Krenn, Stadtarchiv Straubing
Herr Dr. Heinrich Wanderwitz, Stadtarchiv Regensburg,
Herr Arthur Siedenberg, Stadtarchiv Grafenau
Herrn Dr. Wilfried Sponsel, Stadtarchiv Nördlingen
Herrn Bernhard Strobl, Stadtarchiv Schweinfurth
Herrn Winfried Theuerer, Stadtarchiv Bamberg
Herrn Dr. Christoph Bauer, Stadtarchiv Würzburg
Herrn W.O. Keller, Volkshochschule Miltenberg
Frau Ruth Michelbach, Stadtarchiv Füssen
Herrn Timo Bullemer, Stadtarchiv Cham
Herrn Fink, Erster Bürgermeister der Stadt Tirschenreuth
Herrn Andreas Sauer, Stadtarchiv Pfaffenhofen

Herrn Christoph Engelhard, Stadtarchiv Memmingen
Herrn Gerhard Tausche, Stadtarchiv Landshut
Frau Eva-Maria Littschwager, Stadtarchiv Kulmbach
Frau Antje M. Berberich, Stadtarchiv Ebersberg
Herrn Hofäcker, Archiv der Stadt Miesbach
Herrn Dr. Peter Muehling, Leitender Direktor des
Nürnberger Tiergartens

und allen Mitarbeitern des Stadtarchivs Nürnberg

Abbildungsnachweis

S. 30: Sammlung Häußler

S. 128: Sammlung Häußler